LE PALAIS

DE SCAURUS

TYPOGRAPHIE DE H. FIRMIN DIDOT. — MESNIL (EURE).

L'entrée d'une maison romaine, le Prothyrum

LE PALAIS

DE SCAURUS

OU

DESCRIPTION D'UNE MAISON ROMAINE

FRAGMENT D'UN VOYAGE DE MÉROVIR A ROME

vers la fin de la République

PAR F. MAZOIS

AUTEUR DES RUINES DE POMPÉI

PRÉCÉDÉ D'UNE NOTICE BIOGRAPHIQUE

PAR M. VARCOLLIER

Conseiller de Préfecture de la Seine

TROISIÈME ÉDITION

PARIS

LIBRAIRIE DE FIRMIN DIDOT FRÈRES, FILS ET Cie

IMPRIMEURS DE L'INSTITUT, RUE JACOB, 56

1859

A

M. CHARLES PERCIER,

ARCHITECTE,

MEMBRE DE L'INSTITUT ROYAL DE FRANCE,
CHEVALIER DE L'ORDRE ROYAL DE LA LÉGION-D'HONNEUR.

Mon cher Maître.

Socrate avait coutume de ne refuser jamais les modiques présents de ses disciples, quel que fût leur peu de valeur. Suivez aujourd'hui son exemple, et daignez agréer ce petit ouvrage comme un faible tribut que ma Reconnaissance offre à votre Amitié.

MAZOIS.

Rome, 1ᵉʳ février 1819.

NOTICE

SUR F. MAZOIS.

Les hommes les mieux doués ne trouvent pas
toujours du premier coup la voie qui doit s'ouvrir un jour à leurs aspirations secrètes. Ils ont,
en général, d'autant moins de décision dans l'esprit qu'ils ont plus de variété dans leurs aptitudes;
et, comme leur compréhension peut embrasser
facilement tous les ordres d'idées, ils se sentent
propres à tous les genres d'études; ce qui leur
permet de passer sans effort de l'une à l'autre,
et de s'adonner un peu à toutes avant de s'attacher
solidement à aucune. D'où vient que, pour beaucoup d'entre eux, la vocation naît du hasard, et
que les circonstances seules semblent déterminer
l'emploi comme le développement des facultés
de leur esprit.

Telle fut à peu près la marche que suivit, à ses
débuts, l'artiste éminent auquel cette notice est
consacrée. On y verra, contrairement à ce qu'on a
rapporté de lui ailleurs, faute d'informations suf-
fisantes, qu'après avoir tenté vainement de suivre
la carrière des armes, il ne devint architecte que
par obéissance, comme il ne fut, plus tard, archéo-
logue que par occasion, et écrivain par nécessité.
A vrai dire, il aurait pu, selon les occurrences,
être bien autre chose encore, tant son intelligence
prompte, souple, docile, pénétrante, savait s'appliquer à tout indistinctement ; mais si les moyens
mis indifféremment par lui en usage pouvaient
être divers, le but où tendirent ses efforts et ses
vœux fut unique. Ce but c'était le succès avec la
considération qu'il donne, la renommée avec l'é-
clat qu'elle procure, et qui sait ? peut-être même
la gloire avec l'enivrement qu'elle promet. Doux
rêve qui fut en partie réalisé ; car Mazois obtint la
considération, le succès et la renommée. Quant à
la gloire, elle n'est le lot que d'un bien petit nombre
d'hommes, quoi qu'en puissent penser le très-
grand nombre de ceux qui la convoitent. Mais
c'est être encore privilégié que de pouvoir laisser l'honneur de son nom fondé sur des titres
aussi durables que ceux qu'a su s'acquérir à la

fois comme artiste, comme écrivain, comme érudit, l'homme d'esprit et de talent dont je vais essayer de retracer la vie et d'apprécier les travaux.

François Mazois naquit à Lorient, le 12 octobre
1783. Sa constitution délicate exigea, durant presque toute son enfance, des soins et des ménagements qui nuisirent à ses premières études ; mais
là ne fut pas le principal obstacle que rencontra,
dans son ardeur d'apprendre, sa vive et précoce
intelligence. A l'âge où il aurait fallu qu'on pût
l'astreindre à des travaux suivis et réguliers, la Révolution achevait de disperser jusqu'aux derniers
débris de nos établissements scolaires, et abolissait
par là virtuellement tout enseignement classique
en France. Époque peut-être unique dans l'histoire
des peuples, où l'on vit les différentes classes d'une
nation à si juste titre renommée pour ses lumières,
sevrées indistinctement de toute éducation publique et privée, et où les pères de famille qui étaient
restés quelque peu jaloux de leurs devoirs durent
chercher dans leur propre instruction, trop souvent douteuse, les moyens de suppléer, tant bien
que mal, au savoir solide et éprouvé des hommes
qui avaient eu jusque là charge et mission d'enseigner la jeunesse.

Ce fut précisément dans cette nécessité que se

trouva le père du jeune Mazois. Forcé, par les malheurs du temps, de quitter la ville de Bordeaux,
où il avait rempli pendant plusieurs années les
fonctions de directeur des paquebots du Roi, il alla
s'établir à la campagne. Mais quoique homme distingué à beaucoup d'égards et possédant même
sur quelques points des connaissances spéciales,
il ne pouvait remplacer utilement auprès de
son fils les divers maîtres dont celui-ci aurait eu
besoin, encore moins donner à l'ensemble de ses
études une direction sérieuse et convenable. Il y
eut donc là une nouvelle lacune dans l'éducation
de cet enfant, qui était pourtant destiné à s'illustrer un jour par ses talents comme par la variété
de ses connaissances. Toutefois, cette vie de retraite et de famille, qui n'avait pu être profitable à son instruction, le fut, sous d'autres rapports,
à son esprit et à son cœur. C'est que, pour certaines
natures, l'étude des sciences et des lettres n'est
ni l'unique ni même la principale source où s'a-
limente l'intelligence, où l'âme trouve les prin-
cipes fécondants de ses plus nobles facultés; les
bons exemples leur sont encore plus avantageux
que les bons préceptes, et les maximes de probité et
d'honneur mises sous leurs yeux en pratique les
touchent plus vivement que toutes les leçons de

sagesse qui sont renfermées dans les livres. Au dire de Xénophon, les Perses enseignaient à leurs enfants la vertu comme ailleurs on leur enseigne les lettres. Ce genre d'enseignement fut celui qu'on donna en premier lieu et presque uniquement au jeune Mazois; et ce fut de sa mère qu'il eut l'inappréciable douceur de le recevoir. Ses sentiments s'y ennoblirent; sa nature vive et pétulante s'y assouplit, et son esprit y contracta ces habitudes de délicatesse et d'élévation, de grâce et de dignité qui furent les traits distinctifs de son caractère, comme ils devinrent ceux de son talent. Heureuse et bien-aimée influence vers laquelle il ne pouvait jamais tourner sa pensée sans un profond attendrissement.

Cependant le temps était enfin venu de donner une direction plus suivie et mieux entendue aux études proprement dites de cet enfant aimable et spirituel, mais fort peu instruit. On profita de la récente création des écoles centrales pour le faire entrer dans celle de Bordeaux. Il s'y appliqua plus particulièrement aux sciences, voulant se présenter aux examens de l'école Polytechnique; mais un nouvel et fâcheux incident vint encore traverser ses desseins. Près de toucher au but, il fut atteint, vers l'âge de seize ans, d'une affection

éruptive aiguë, à la suite de laquelle il resta un
peu sourd. Cette infirmité, qu'on avait crue d'a-
bord passagère, ayant malheureusement persisté,
il dut renoncer à la carrière militaire, qui était
alors l'objet de toute son ambition.

Voici à ce propos ce que, trois ans plus tard,
il écrivait de Paris à sa mère. C'était au moment
où l'on s'occupait de la formation du corps des
vélites :

« Bien que je me sois imposé pour règle de
« conduite de sacrifier à tes volontés mes inclina-
« tions les plus vives, je viens cependant essayer
« aujourd'hui de te ramener sur un certain point
« à mes désirs et à mes vues. Sous le nom de Vé-
« lites, on s'occupe de créer un corps militaire
« charmant, qui sera une espèce de pépinière d'of-
« ficiers. Laisse-moi chercher à y entrer. Tu con-
« nais ma passion pour les armes; trois années de
« lutte n'ont pu l'affaiblir. Je sais d'avance toutes
« les raisons par lesquelles tu peux combattre
« cette envie; mais aucune ne me paraît con-
« cluante. Je sens en moi cette soif d'honneur dont
« Platon fait la troisième passion de l'homme,
« et qui, au rebours des autres, augmente avec
« l'âge au lieu de diminuer. Il est bien vrai que
« la gloire ne se trouve pas seulement dans la

« carrière des armes, et qu'elle est, comme le
« bonheur, partout où l'on croit la voir; mais moi
« j'ai le malheur de ne la voir que là. Permets-
« moi d'ajouter qu'il est possible, comme vous
« vous plaisez à le dire, que je convienne à l'ar-
« chitecture, mais qu'il est bien plus certain
« encore que l'architecture ne me convient pas. »
Et, comme il appartenait par son âge au contingent
qu'on venait d'appeler sous les drapeaux, il ajou-
tait : « Je touche, du reste, au moment décisif; une
« fois réformé je suis un homme condamné à
« d'éternels regrets. »

Ce petit plaidoyer n'eut pas le succès qu'il en
semblait attendre; son père y répondit par de sages réflexions, sa mère par de tendres inquiétudes,
qui vinrent calmer un peu cette humeur guer-
royante; et, quelque temps après, sa réforme ayant
été prononcée, il reprit, sinon avec ardeur, du
moins avec résignation, les études de mathémati-
ques, de dessin et d'architecture qui motivaient
son séjour à Paris. C'était donc, comme on le voit,
par obéissance et non par goût que Mazois se faisait
architecte. Sa vive et brillante imagination avait
grand'peine à rester enfermée dans les bornes qui
étaient pour le moment imposées à son essor.

L'architecture est, avant tout, un art positif,

dont l'application , naturellement associée à tous
nos besoins, doit s'aider de toutes les sciences qui
s'y rapportent. C'est ce qui en rend l'apprentis-
sage long, compliqué et ardu. Mais la diversité
même des études auxquelles elle s'allie ou qu'elle
exige, devait offrir bientôt à l'esprit d'un homme
aussi heureusement doué que Mazois des perspectives attrayantes et nouvelles.

Comme son instruction littéraire avait été jusque-là fort négligée, il voulut se donner, sur sa
modique pension alimentaire, un professeur de
latin, avec lequel il prit de son mieux connaissance des auteurs anciens. Bien qu'il ne pût alors
pousser fort avant cette nouvelle étude, il en sut
tirer profit comme on fait de toute chose à quoi l'esprit se plaît et s'attache ; et, ses goûts littéraires
aidant, il ne tarda pas à sentir se développer en lui
un goût nouveau non moins vif, celui de l'histoire
des mœurs, des usages et des monuments de l'antiquité. C'était une vocation qui naissait. L'archéo-
logie, sœur des lettres comme de l'architecture, et
se rattachant, par cette double parenté, aux différentes branches de l'art, allait être désormais
l'actif et durable stimulant de ses travaux, et ou-
vrait à ses jeunes aspirations un champ qui pouvait
s'agrandir sans limites. Cette nouvelle direction

de son esprit porta promptement ses fruits. A l'occasion de quelques médailles trouvées dans les ruines de l'ancien cirque de Bordeaux, connu sous le nom de palais de Gallien, Mazois adressa à la société des sciences et belles-lettres de cette ville un mémoire où se décelaient déjà cette ingénieuse sagacité et cette rectitude de jugement qui devaient, par la suite, se montrer dans toutes ses œuvres. Ce petit écrit, premier essai d'un antiquaire de vingt ans, avait été communiqué par lui à M. Mongez, qui, après en avoir approuvé pleinement le fond, en critiqua assez sévèrement la forme. J'en trouve l'aveu ingénu dans une lettre même de Mazois, adressée à son père le 24 germinal an XI. C'est qu'en effet l'érudit était fort en avance sur l'écrivain, dont tout trahit à cette époque l'inexpérience dans l'art d'écrire. Toutefois ce mémoire, qui s'était fait remarquer par la hardiesse des idées, lui valut le titre d'associé correspondant de l'Académie de Bordeaux ; encouragement qui sembla réveiller tout à coup en lui une ardeur non moins profitable à ses travaux d'architecture qu'à ses études littéraires et archéologiques. En effet, à partir de ce moment sa correspondance avec son père et sa mère se teint de la ferme résolution où est désormais son esprit

de trouver dans les sciences, dans les lettres et les
arts, ces distinctions et ces honueurs qu'il n'avait
d'abord voulu chercher que dans la carrière des
armes. Après avoir travaillé successivement, mais
sans grand profit, avec MM. Ledoux et Vaudoyer,
il devint, en 1803, l'élève de M. Percier, et
trouva dans l'espèce d'éclat que faisait rejaillir
sur l'école le haut mérite du maître un nouvel
aiguillon à ses ardeurs d'étude et d'investigation.

Admis, pour la première fois, en 1806, au concours du grand prix d'architecture, il n'en retira
que l'honneur de la lutte; mais cette même année
ne s'écoula pas sans dédommagement pour lui :
un intéressant mémoire qu'il venait de publier
sur les anciens monuments de la Gaule motiva son
admission dans l'Académie celtique de Paris.

Bien que le concours de 1807 ne lui eût pas
mieux réussi que celui de l'année précédente, il
sembla pourtant y avoir dans ces deux admis-
sions consécutives un assez significatif indice
d'aptitude et de talent, pour que l'architecte
Vignon, qui voulait se présenter au concours du
temple à ériger sur l'ancien emplacement de la
Madeleine, jugeât à propos de s'adjoindre le jeune
élève de Percier. · Le résultat vint prouver que
Vignon avait eu raison; mais quant à Mazois,

trop jeune encore pour avoir vu dans cette collaboration autre chose qu'une porte ouverte à ses
espérances, et trop inexpérimenté surtout pour
avoir senti le besoin de prendre ses sûretés dès
le début, il ne tarda pas à reconnaître qu'il aurait
eu bien plus de profit à se montrer prévoyant
qu'habile. En effet, une fois le but atteint, Mazois se vit presque aussitôt et sans ménagements
évincé de cette grande entreprise au succès de
laquelle il avait si puissamment contribué, et
dont les conséquences avaient semblé devoir être
un jour pour lui non moins avantageuses qu'honorables. Ce fut là un des plus cruels chagrins
de sa vie, celui peut-être au sujet duquel il s'ex-
prima toujours avec le plus de vivacité et d'amer-
tume. A la suite de cette déception douloureuse,
il quitta Paris pour quelque temps, et revint à
Bordeaux se retremper dans les calmes et douces
affections de famille.

Son énergie naturelle ne tarda pas cependant
à reprendre le dessus, et sa joviale humeur se
réveilla avec ses goûts studieux. De retour à Paris,
vers le milieu de l'année 1808, il trouva, dans
l'accueil bienveillant de son maître, M. Percier,
ainsi que dans les témoignages d'estime et d'affection de beaucoup d'autres personnages dis-

tingués, au nombre desquels on doit particulièrement citer Fourcroy, Denon, le comte Jaubert et
le peintre Gérard, un ample dédommagement aux
tracasseries et aux injustices dont il venait d'avoir
si cruellement à soûffrir. Ce dernier, par ses encouragements et ses conseils, contribua surtout à
la détermination que prit tout à coup Mazois de ne
pas subordonner davantage aux résultats incer-
tains d'un concours ses projets de voyage en Italie. Avec sa perspicacité habituelle, Gérard avait,
sous la jeune écorce de l'érudit, découvert la vive
imagination du poëte et deviné le futur auteur
du Palais de Scaurus. Ce n'était point, selon lui,
l'atmosphère de Paris qu'il fallait à cette âme
ardente et avide d'émotions, mais le ciel de l'Au-
sonie, mais la vue des temples, des cirques et
des palais ruinés auxquels ce ciel sert de dôme. Là
était son vrai champ d'étude.

Le jugement annuel de l'Institut venait d'avoir
lieu; M. Achille Leclère, le camarade d'atelier et
l'ami de cœur de Mazois, avait obtenu le grand
prix d'architecture. Voir Rome en compagnie d'un
émule, d'un camarade aimé, était un double attrait auquel il ne put résister. Ce fut pour lui
la goutte d'eau qui fait déborder le trop plein du
vase. Son départ fut donc aussitôt résolu, et, avec

l'approbation de sa famille, il se mit en route
le 1ᵉʳ novembre 1808.

La résolution était bonne et les événements
vinrent bientôt la justifier. A peine arrivé à Rome,
il reçut de M. Lecomte, architecte de la reine de
Naples, qu'il avait particulièrement connu à Paris, la proposition de venir l'aider dans certains
travaux extraordinaires que ses nombreuses occupations habituelles ne lui permettaient pas d'exécuter tout seul. L'occasion paraissant au nouveau
débarqué aussi opportune que belle, il ne la voulut pas laisser échapper, et sut par la suite la
mettre habilement à profit. On le vit en peu de
temps, par son activité et son intelligence, justifier pleinement la confiance de son protecteur;
par la distinction de son esprit, plaire au Roi et à
la Reine; par la variété de ses connaissances et
son vif désir de les accroître, se faire aimer des
savants du pays : ce qui ne fut pas le moindre de
ses succès; car, oubliant en sa faveur leur défiance
ordinaire, ceux-ci se prêtèrent complaisamment
à faire tomber devant le jeune artiste français les
barrières jusque-là si rigoureusement opposées à
tout étranger désireux de voir et d'étudier les restes
d'antiquités qui se trouvent partout accumulés à
Naples. Grâce à la protection de la Reine et au

concours bienveillant des agents préposés à la
conservation de ces richesses archéologiques, il
obtint successivement la permission de tout voir
et de tout visiter; puis la faculté de dessiner, de
mesurer et même de fouiller les ruines du temple
de Sérapis à Pouzzole; plus tard enfin, l'heureux
privilége de s'établir au milieu des restes bien
autrement précieux de Pompéi, dont les travaux
d'excavation, depuis longtemps interrompus
par les événements politiques, venaient, grâce à
la munificence du roi Joachim Murat, d'être
repris avec une ardeur nouvelle. Une telle
faveur, dont il sentait vivement tout le prix, ne
résultait pas uniquement de l'intérêt qu'il avait
su inspirer à la reine Caroline. Mazois avait dans
ses qualités de cœur et d'esprit, dans la distinction et la grâce de ses manières, dans sa raison
précoce, dans son humeur facile, aimable et
enjouée, un je ne sais quoi dont la séduction était
irrésistible. Elle s'exerça à Naples de la façon la
plus heureuse pour lui sur tous ceux chez qui il
eût suffi d'une abstention même exempte de tout
mauvais vouloir pour anéantir ses efforts et briser
ses espérances. On ne saurait mieux faire, à ce
propos, que de transcrire quelques lignes tirées
de sa correspondance avec son père à cette époque.

« Toute la côte de Naples, dit-il, à droite
« comme à gauche du Vésuve, est couverte de mo-
« numents grecs ou romains, plus ou moins con-
« servés, mais tous d'un intérêt immense. On n'a
« jamais voulu permettre aux étrangers d'en rien
« dessiner. Aussi n'a-t-il fallu rien moins qu'un
« ordre exprès du ministre en ma faveur pour
« vaincre les résistances générales qu'on ren-
« contre partout ici à cet égard. C'est assurément
« en premier lieu à M. Lecomte que je dois cette
« bonne fortune ; mais peut-être aussi est-ce un
« peu à moi-même et à la façon dont je m'y
« prends pour apprivoiser les cerbères. Sous une
« forme ou sous une autre, c'est toujours au
« gâteau de miel du pieux Énée qu'il faut avoir
« recours pour les empêcher d'aboyer.

« Au nombre des administrateurs gardiens de
« tant de monuments antiques, j'ai trouvé un cha-
« noine aimable autant qu'instruit, nommé Jorio,
« qui n'aime pas les arts seulement, mais aussi
« ceux qui les cultivent. C'est apparemment ce
« qui me vaut ses bonns grâcees. J'en ai su faire
« le compagnon de mes excursions, et quelque-
« fois même le complice de mes larcins. A l'ombre
« de sa soutane, je compte aller prochainement
« jusqu'à Pæstum, une des plus anciennes villes

« de la Grande-Grèce, où j'aurai enfin la joie de
« voir, de toucher, de dessiner, de mesurer de
« vrais monuments grecs. J'ai entrepris, en at-
« tendant, un travail considérable et qui est déjà
« fort avancé. Si je suis assez heureux pour
« l'achever, j'aurai fait une chose qui me rappor-
« tera honneur et profit. Il s'agit de l'ancien
« temple de Sérapis. J'ai fait rouvrir de vieilles
« fouilles ; j'ai même pu en faire ouvrir de nou-
« velles, et mes matériaux sont nombreux et pré-
« cieux. Mais *point de bruit!* La réussite n'est
« qu'à ce prix. Je me fais le plus petit et le plus
« innocent que je puis ; car, si l'on soupçonnait
« ici que j'ai l'intention de publier la moindre des
« choses que je mesure et dessine, tout me
« serait à l'instant fermé, et le bon vouloir que
« j'ai trouvé jusqu'à ce jour se changerait aussi-
« tôt en tracasseries et peut-être même en hos-
« tilités. »

Comme on le voit, tous les moments qu'il pouvait dérober à ses travaux officiels, il les employait
au profit de ses études particulières. Aussi par-
vint-il en peu de temps à amasser des matériaux
considérables. Mais ce n'était là qu'un prélude au
travail plus important sur lequel allaient bientôt se concentrer tous les efforts de son intelli-

gence et se fonder toutes ses espérances de gloire et de succès. Une circonstance imprévue et toute fortuite, en le rapprochant davantage du Roi et de la Reine, lui permit de s'en faire mieux apprécier encore. On avait voulu, cette année là (1809), célébrer l'anniversaire de la naissance de l'empereur Napoléon avec un éclat inusité. M. Lecomte, chargé du service des fêtes, étant malade, Mazois dut le remplacer. Le Roi et la Reine, qui venaient presque tous les jours visiter les travaux qu'on exécutait à cette occasion dans le palais de Portici, y rencontraient le jeune architecte, dont l'activité, le zèle et l'énergique direction ne pouvaient manquer d'attirer l'attention de LL. MM. Leur intérêt pour lui s'en accrut; et le succès qu'obtint cette fête splendide et vraiment royale porta au comble sa faveur. Il en profita pour mettre avec confiance sous les yeux de sa royale protectrice quelques-uns des dessins qu'il avait rapportés de ses courses à Pompéi; lui exposant avec chaleur ses vues, ses projets et ses espérances; lui développant le plan de l'ouvrage tel qu'il l'avait déjà en tête; lui disant enfin l'honneur qui en pouvait un jour revenir à la France, leur pays à tous deux; et comme il avait en ce moment l'éloquence que donne toujours

la vraie passion, il sut toucher la Reine, et obtint
peu de temps après, par son entremise, l'autorisation officielle de s'établir à Pompéi pour y dessiner et mesurer librement les ruines de cette antique cité.

Un pareil triomphe, en réveillant l'envie et la
susceptibilité des antiquaires du pays, n'eût été
probablement pour Mazois qu'une nouvelle et
inépuisable source d'ennuis et de persécutions de
tout genre, si, par prévoyance peut-être autant
que par bienveillance et générosité, la Reine n'a-
vait cru devoir, en même temps, l'attacher à sa
personne comme dessinateur de son cabinet. Ce
titre, en effet, imposa tout d'abord silence aux plus
mécontents, et les émoluments qui s'y trouvaient
attachés permirent en outre au jeune savant de
se livrer désormais avec sécurité à des travaux
non moins coûteux que pénibles. Jusque-là l'existence de Mazois avait été précaire. Pour subvenir
aux dépenses de son voyage en Italie, sa famille
avait dû s'imposer des sacrifices qui ne pouvaient
avoir une longue durée. Il le sentait lui-même;
et c'est ce qui lui avait fait accepter avec empressement, auprès de l'architecte de la Reine, un emploi temporaire dont le produit lui permettait de
prolonger utilement son séjour à Naples sans

charge nouvelle pour les siens. A cet égard, les préoccupations incessantes qu'on retrouve dans sa correspondance avec son père et sa mère sont aussi honorables que touchantes, et il n'y a de comparable à l'extrême délicatesse de ses sentiments que la vivacité de sa tendresse filiale. Cette tendresse éclate, du reste, partout dans sa vie, et l'on pourrait presque dire que ç'a été le plus puissant mobile de ses efforts, de ses travaux et de son ambition. Sera-t-il permis à celui qui trace ces lignes, et qui a été lié pendant dix années consécutives de la plus étroite amitié avec Mazois, de vouloir, dans cette notice, montrer l'homme encore plus que l'écrivain ? Plusieurs ont déjà parlé, d'autres parleront encore des mérites divers par où se recommande l'auteur du Palais de Scaurus et des Ruines de Pompéi; moi, son vieil ami, je veux un peu parler de ce que j'ai si bien connu, des qualités de son cœur.

La correspondance qu'il entretenait avec sa famille est tellement expansive, tellement remplie de cette spontanéité juvénile où se reflète l'âme, qu'on peut en tirer aisément les traits les plus propres à faire connaître avec exactitude son caractère, son humeur, son esprit et ses sentiments. C'est ce qui m'encourage à citer, toutes les fois

que Mazois me semble s'être peint lui-même mieux
que personne ne l'eût pu faire à sa place. Voici ce
qu'il écrivait à son père, au mois de juillet 1810, en
réponse aux sollicitations pressantes que lui adressait celui-ci au sujet de son retour en France.

« Il vous est pénible, dites-vous, de voir s'éloi-
« gner encore le moment où nous devrons être
« enfin réunis. Pensez-vous que j'en souffre moins
« que vous? Mais il faut que j'achève honorable-
« ment la tâche que j'ai entreprise si heureuse-
« ment. Le résultat que j'en espère ne vous sera
« pas moins doux qu'à moi-même, et contribuera
« peut-être à nous raccommoder avec la fortune.
« Ah! que ne pouvez-vous voir, de là bas où vous
« êtes, le train de vie que je mène ici! Vous m'en
« tiendriez compte assurément et ne voudriez
« pour rien au monde amollir mon courage. Je
« ne suis point insensible au plaisir, vous le sa-
« vez; j'aime passablement mes aises et ne hais
« point, tant s'en faut, le commerce du monde.
« Eh bien! j'ai su me sevrer de tout cela pour me
« donner tout entier au travail. De temps en temps
« il y a bien en moi quelques luttes et même un
« peu de souffrance; mais je tiens bon; et c'est
« votre pensée surtout, sachez le bien, qui vient
« ranimer alors mes forces qui faiblissent. Car

« j'ai une chose encore plus à cœur que le suc-
« cès, que la réputation, que la gloire même, mes
« bons amis : c'est votre bonheur à tous. Ce bon-
« heur est ma préoccupation incessante et le vrai
« but de tous mes efforts; laissez-moi donc y tra-
« vailler.

« Me voici de nouveau établi à Pompéi, où,
« malgré l'excès de la chaleur, je continue à ac-
« croître mes richesses, c'est-à-dire à augmen-
« ter mes matériaux. Mes cartons s'emplissent.
« Que je vous dise un peu de quelle façon je vis
« ici dans mon ermitage; cela ne sera pas sans
« intérêt pour vous, et deviendra un sujet de
« causerie pour la famille.

« Je me lève de fort bonne heure, presqu'avec
« le soleil. Dans cette saison, c'est le plus agréable
« moment de la journée, parce qu'on y respire
« un air pur et frais, tout imprégné de la senteur
« des champs et du parfum des bouquets de sauge
« et de menthe qui croissent au milieu des rui-
« nes. Il n'y a rien de plus favorable à la libre
« circulation du sang et qui dispose mieux au tra-
« vail. Comme l'appétit se fait bientôt sentir, je
« l'apaise par un gros morceau de pain bis, qui
« me paraît savoureux, mais dont j'émiette volon-
« tiers une partie au profit d'une foule de petits

« oiseaux de toute espèce et de lézards familiers
« que ma libéralité quotidienne rassemble sans
« crainte autour de moi durant mon court repas.
« Vers neuf heures, la trop grande ardeur du so-
« leil me forçant à lever la séance, je rentre dans
« ma petite cellule, où je mets au net tout ce que
« j'ai tracé le matin. A midi, mon cuisinier, dont
« la science n'a rien de commun, je vous jure,
« avec celle que prisait si haut Apicius, m'apporte,
« d'un air solennel, un vaste plat de macaroni
« nageant dans un chaudeau bien clair, forte-
« ment saupoudré de sel et de poivre et garni de
« tomates, avec une demi-douzaine d'œufs durs en
« guise de couronnement. C'est là mon ordinaire.
« Mais aux grands jours nous y ajoutons un
« morceau de chèvre ou de chevreau, cuit sur la
« braise, accompagné de quelques feuilles de sa-
« lade imbibées d'huile rance; le tout arrosé
« d'un certain vin du Vésuve excellent, à vrai dire,
« mais qui griserait le cheval de Marc-Aurèle.

« Cela fait, je vais, comme Pline, dormir à
« l'ombre et au frais, si je puis. Une heure de som-
« meil me rend gaillard et dispos, et je me remets
« au travail jusqu'à cinq heures dans ma petite
« loge, puis en plein vent jusqu'au coucher du
« soleil. C'est de compte fait treize ou quatorze

« heüfes d'ouvrage par jour. Aussi fais-je de
« bonne besogne.

« Vers la brune, je prends mon fusil et vais rôder
« un peu dans les environs; mais le plus souvent
« je me promène dans la ville, au milieu de ces
« ruines qui ont un attrait toujours nouveau pour
« moi. Assis sur quelque gradin du théâtre d'Au-
« guste, mon imagination sait le remplir bientôt
« d'une foule attentive aux tragiques accents de
« Clytemnestre ou d'Œdipe. Mais je n'ai besoin
« que de mes yeux pour voir en réalité le plus
« riche et le plus splendide décor qui ait jamais
« encadré une scène quelconque. Il y a là, pour
« toile de fond, une chaîne de hautes montagnes
« aux contours harmonieux, dont l'œil du specta-
« teur peut saisir jusqu'aux moindres détails qui
« les accidentent; à droite se découvre la mer,
« avec l'écueil d'Hercule et l'île de Caprée; à
« gauche les hauteurs du pays des Samnites, et
« plus loin le Vésuve d'où s'échappe en forme de
« gerbe une fumée dorée par les derniers rayons
« du soleil.

« De là je viens errer sous les portiques du Fo-
« rum, ou m'asseoir un moment sur le banc des
« prêtres de Jupiter, qui, en vrais gens du métier,
« avaient choisi la plus agréable position de la

« ville. Plus tard je vais faire mes dévotions au
« temple de la Bonne-Déesse; puis, descendant
« par la rue de l'Odéon, et après m'être arrêté
« devant deux ou trois des plus belles bouti-
« ques de la ville, j'entre au camp des soldats
« pour m'y rafraîchir à l'eau de sa fontaine; enfin
« avant de rentrer *sub tecto* je m'arrête un mo-
« ment sous le portique, rêvant, vous devinez
« bien à qui. D'autres fois, poussant hors la ville,
« je vais jusqu'à la maison de campagne de Dio-
« mède; et si je me trouve attardé, je n'en éprouve
« nulle inquiétude; car, bien qu'il y ait des por-
« tes aux murailles qui entourent la cité, les bat-
« tants n'en existent plus, et les sentinelles qu'on
« y avoit placées n'ont pas été relevées depuis
« dix-sept siècles. Voilà comment je passe ici mon
« temps. Si j'aperçois de loin quelque curieux,
« je me sauve bien vite et me cache, trouvant que
« la solitude est la meilleure condition où puisse
« être l'esprit quand il est occupé de si grandes
« et de si belles choses. Je ne suis, du reste, à pro-
« prement parler, jamais seul, mes amis, puisque
« vous êtes toujours et partout avec moi, et je
« sens chaque jour davantage que je ne puis être
« heureux sans vous. »

Ce fut grâce à ce labeur incessant, que Mazois fit

en deux années ce que n'avaient su faire en un
demi-siècle deux générations de princes, d'artistes et de savants. Il avait, dès cette époque, en
porte-feuille une foule d'autres dessins intéressants, tirés d'Herculanum, de Pæstum et de Pouzzoles; mais il résolut sagement de ne publier en premier lieu que ceux de Pompéi, craignant que le
manque d'unité ne pût affaiblir l'intérêt d'un pareil ouvrage, et que son trop d'étendue n'en vînt
compromettre le débit.

Au surplus, l'argent dont il pouvait alors disposer, et qui ne lui venait que d'un suprême sacrifice, noblement et spontanément accompli par
sa famille, devait à peine suffire aux dépenses
qu'allaient exiger, même dans ces bornes restrein-
tes, la gravure des dessins et l'impression du texte
dont il se proposait de les accompagner. Ce texte,
partie importante de son œuvre, il n'avait pas osé
d'abord en assumer la responsabilité sur lui seul;
tout en s'en réservant le fond, il voulait en confier
la forme au talent exercé de quelque homme de
lettres. Mais des difficultés de toute sorte, inhé-
rentes à ce genre de collaboration, le forcèrent
bientôt de renoncer à ce projet; et, comme il ne
pouvait guère trouver en Italie ce que son injuste
défiance de lui-même lui faisait chercher dans les

autres, il se décida à devenir écrivain, comme il
était devenu savant, par nécessité. Cette pente est,
du reste, naturelle à ceux qui s'occupent des
choses d'art et d'antiquité ; ils vont insensiblement
et presque à leur insu, de l'examen de l'objet à
la recherche de l'idée, et de celle-ci à l'étude de
la forme qui la recouvre ; logique d'instinct, suivant laquelle un homme d'autant d'esprit et de
goût que l'était notre jeune architecte, se trouva
nécessairement conduit à prendre pour modèles
de style ceux-là mêmes qui lui servaient de guides
dans ses jugements.

A l'étude du latin, qu'il n'avait jamais abandonnée, il voulut joindre celle du grec, qui devait
puissamment l'aider dans ses recherches et lui
donner la clef étymologique d'une foule de termes obscurs dont le texte de Vitruve est rempli.
Mais, quel que fût son goût pour cette étude, il s'en
cachait, disant qu'un architecte réputé pour savoir
le grec devait nécessairement mourir de faim.
Ce lui fut toutefois une occasion de s'attacher plus
que jamais aux grands écrivains de l'antiquité ;
et l'on put s'apercevoir, quand il publia le *Palais
de Scaurus*, de quel secours lui avait été, à tous
égards, cette lecture habituelle.

Au commencement de 1811, Mazois quitta Na-

ples pour venir s'occuper, dans sa tranquille retraite du Monte-Pincio, de la gravure de ses dessins, de la mise en ordre de ses planches et de la
composition de son texte. Son premier séjour à
Rome n'avait guère été que de quelques semaines.
Arrivé dans cette ville au mois de décembre 1808,
il en était parti presque aussitôt, un peu à l'aventure, sans dessein arrêté, avec un portefeuille
encore vide et une bourse qui ne pouvait tarder à
l'être; il y rentrait, après deux ans d'absence, le
cœur joyeux et la tête mûrie, rapportant de riches
matériaux près d'être mis en œuvre, et fermement
résolu à obtenir d'un travail opiniâtre la réalisa-
tion de ses légitimes espérances.

C'était sur le travail, en effet, que Mazois avait
voulu fonder son avenir. Tout ce qu'un hasard
heureux pouvait lui apporter de secours et d'appui, il voulait bien le mettre à profit, mais sans
trop y compter, sachant qu'on ne trouve jamais
de ressources assurées qu'en soi-même. Il avait,
certes, quelque mérite à régler sa vie avec cette
décision de jugement, car la fortune ne venait-elle
pas de lui sourire dans les séduisantes avances
d'une faveur royale? Bien jeune encore, il eût pu
s'en laisser éblouir : il n'en parut que plus maître
de lui-même, et que mieux éclairé sur ce qu'on doit

attendre des autres. C'est ce qu'il exprimait en
très-bons termes à son père, dont l'excessive tendresse endormait quelquefois la raison.

« Vous dites que dans la retraite studieuse où
« je viens résolûment de me mettre, protecteurs
« et amis m'oublieront. Oh ! je sais de reste que
« les amis de ce monde oublient ceux qu'ils ne
« voient plus, et que même ils ne font pas grand'-
« chose pour ceux qu'ils voient tous les jours.
« Mais ce serait justement là une raison de plus
« pour me faire chercher dans le travail et la
« retraite ce que j'espère y trouver, l'indépen-
« dance du mérite personnel. Acquérir des titres
« à l'estime de tout le monde pour n'avoir be-
« soin de la faveur de personne, voilà mon idéal,
« cher bon père. Si les protections me viennent,
« tant mieux; si elles me manquent, je veux m'ê-
« tre fait un nom qui puisse m'en tenir lieu.
« N'ai-je pas l'exemple de mon illustre maître,
« qui, fils d'un simple suisse de l'une des portes
« du Louvre, est aujourd'hui le premier homme
« dans son art, et à qui sont venus les honneurs,
« la renommée, la fortune, sans qu'il ait jamais
« fait un pas, lui, pour les aller trouver? c'est
« qu'il a mis sa force dans le travail. Je veux, à
« son exemple, entrer dans la carrière avec des

« armes bien trempées, et je m'occupe à les for-
« ger. Jamais jeune homme n'a eu l'heureuse
« chance de débuter par un ouvrage comme le
« mien, et je ne crois pas qu'il y ait beaucoup
« d'opérations mieux calculées pour en obtenir
« honneur et profit. N'allons donc rien gâter par
« trop de précipitation, et n'oublions pas qu'il
« n'appartient qu'aux riches de sacrifier aux exi-
« gences du cœur. Le mien est tout aussi doulou-
« reusement affligé que le vôtre de cette longue
« séparation; mais rentrer en France pauvre et
« ignoré, comme j'en suis sorti, sans rien qui
« puisse même rendre ma misère respectable ou
« tout au moins intéressante, ah! cette pensée
« est navrante; tandis que revenir à vous avec un
« commencement de fortune, avec des droits à
« l'estime générale, avec un beau travail achevé
« et l'espérance d'en commencer quelqu'autre
« non moins beau, voilà, mes amis, ce qu'il faut
« que j'obtienne de mes efforts, ou que j'y meure.

« Allons! pas de faiblesse. Si le génie sème,
« c'est le courage qui cultive et la patience qui
« récolte. »

Le couvent de la Trinité-du-Mont, où le directeur
de l'Académie de France avait fait donner un logement à Mazois, est un vieil établissement dont

l'origine remonte à Charles VIII. Ce prince en avait
jeté les fondements lors de son passage à Rome,
en 1495, avec affectation spéciale à des religieux
français de cet ordre des frères Minimes que venait de créer saint François de Paule. Ruinée par
les invasions des différentes armées qui s'étaient
successivement emparées de Rome, de 1798 à 1801,
cette ancienne maison des Minimes ne servait plus
alors d'asile qu'à deux ou trois religieux, tristes
débris de la communauté dispersée, et qu'à un
nombre à peu près égal d'artistes français, heureux de trouver dans l'indépendance, le calme et
l'isolement de cette humble retraite, le genre de
vie le plus favorable à leurs habitudes studieuses.

C'est là qu'était venu s'établir avec ses livres,
ses dessins et ses notes, notre jeune architecte,
et là que je le trouvai encore en 1816, quand com-
mencèrent à se former entre lui et moi des liaisons que rien ne vint jamais troubler et que la
mort seule pouvait rompre.

Vers la fin de 1812, après un travail assidu,
mêlé de beaucoup de déceptions et de déboires,
et durant lequel son esprit à la fois souple et te-
nace avait dû plusieurs fois suppléer à l'insuffisance des instruments qu'il employait, il se trouva
en mesure de faire paraître ses premières livrai-

sons. Le texte en avait été soigneusement travaillé ;
et, comme il voulait avec raison que tout fût en
parfaite harmonie dans cette publication destinée
aux gens de goût en même temps qu'aux artistes
et aux savants, ce fut aux frères Didot qu'il en
confia l'impression. Il ne lui restait plus qu'à
prendre un parti au sujet de sa dédicace. Par respect pour son maître autant que par esprit national
il avait d'abord songé à placer son travail sous
les auspices de l'Institut de France ; mieux inspiré,
il se décida à le mettre aux pieds de S. M. la reine
de Naples, par reconnaissance de l'appui qu'il en
avait reçu : inspiration du cœur qui faillit toutefois tourner plus tard à son détriment. La Reine
daigna en agréer l'hommage, et, avec non moins
de générosité que de grâce, joignit à sa lettre
d'acceptation un don de trois mille francs pour
venir en aide à son protégé. Cette nouvelle faveur
ne manquait pas d'à-propos ; elle contribua à tirer
d'embarras le jeune artiste, dont l'inexpérience
en affaires avait un peu trompé les calculs et les
prévisions : sa première mise de fonds restait au-
dessous de ses besoins. Mais cet embarras même
servit à relever son courage, en lui montrant de
quelle confiance et de quelle considération il
jouissait déjà aux yeux du monde, grâce à la no-

blesse de sa conduite et à l'importance de ses travaux. Le banquier Lavaggi, chargé de lui trans-
mettre les fonds qu'on lui avait jusque-là adressés
de France, apprenant les difficultés qu'il rencon-
trait au début même de son entreprise, lui ouvrit
généreusement un crédit qui, non-seulement ne
devait point porter intérêts, mais pour la garan-
tie duquel il n'exigea d'autres titres que les reçus
de la partie prenante.

« Cela serait grand et beau et généreux par-
« tout, » écrivait Mazois, « mais à Rome c'est tout
« simplement *sublime*. Me voilà, par ce magique
« coup de baguette, hors d'affaire. En même
« temps que ma lettre, arriveront à Paris mes
« planches et mon manuscrit. »

L'apparition des premiers cahiers des ruines
de Pompéi eut, dans le monde savant, un retentissement immense. On ne connaissait guère de
cette ville que le peu qui en avait été publié dans
l'ouvrage fort attardé de l'Académie de Naples ;
ce fut donc avec une vive curiosité qu'on accueillit
le travail de Mazois, d'après les débuts duquel il
fut permis d'avance de juger avec quel ordre,
quel soin et quelle exactitude allaient être repro-
duits dans leur ensemble tant et de si précieux
restes d'antiquités, les uns tirés déjà, les autres

près de sortir encore des fouilles de cette ville
disparue depuis dix-sept siècles sous la cendre.
On se plut à reconnaître qu'à l'habileté du dessinateur, qu'à la sagacité de l'érudit, Mazois avait
su joindre les plus solides qualités de l'écrivain ;
que son style, toujours approprié au sujet, était
clair avec précision, souple avec élégance, varié
selon les nuances mêmes du fond, et surtout em-
preint de ce grand goût des auteurs anciens, dans
le commerce intime desquels il s'était habitué à
vivre. Le succès de l'œuvre était donc assuré, et
rien, en effet, ne semblait devoir en entraver la
marche, quand les événements de 1813 éclatèrent.
Aux désastres de nos armées en Allemagne s'était
venue joindre, en Italie, la défection de Murat. Ses
troupes, faisant, en apparence du moins, cause
commune avec les puissances coalisées, étaient
entrées dans Rome sans obstacle, et en avaient
pris possession. Les nôtres cependant n'en étaient
point sorties, et l'on ne savait guère plus à qui
appartenait en réalité le commandement de cette
ville. Beaucoup de Français qui y résidaient alors
comme simples employés ou comme fonctionnaires publics jugèrent à propos d'en partir; mais
les artistes et les négociants en furent détournés
par une déclaration du général Pignatelli, qui leur

faisait connaître que le roi de Naples les prenait
sous sa sauvegarde. Pour donner, au surplus, une
idée de l'étrange façon dont les choses se passèrent
à Rome en ce moment-là, j'emprunte volontiers
de nouveau à la correspondance de Mazois quelques lignes où se trouve comme saisie sur le vif
la physionomie de ce curieux événement.

« Murat vient de pactiser, dit-on, avec les enne-
« mis de la France. Jugez de ma douleur à moi
« qui suis son obligé et celui de la Reine, mais
« qui n'en veux pas moins rester bon Français.
« Les Napolitains sont dans Rome au nombre
« d'environ dix mille; et ce qu'il y a de singu-
« lier, c'est que, malgré cela, nos troupes n'en
« sont point sorties. Les uns font la police de la
« ville et gardent les postes; les autres occupent
« le château Saint-Ange. Nos officiers et ceux de
« Murat dînent et se promènent ensemble. Le
« soir, chez la nièce du Roi, je les vois jouer à la
« même table, ou faire de la musique autour du
« même clavecin; et tout cela sans qu'il y ait, en
« apparence, rien de changé dans les relations
« des deux peuples. Tous ceux de nos employés
« qui ont voulu continuer à servir, sont restés en
« place; mais plusieurs ont mieux aimé partir;
« administration et tribunaux fonctionnent donc

« comme à l'ordinaire sous la double protection
« de la force armée française et napolitaine; si
« bien qu'avant-hier, à l'occasion d'une assez sé-
« rieuse tentative de révolte dans les prisons de
« la ville, on a pu voir nos soldats, unis à ceux
« de Murat, fusillant et sabrant à qui mieux mieux
« les plus forcenés de la bande. Avec le même
« accord, les troupes des deux pays ont ensuite
« fait des patrouilles, durant toute la nuit, pour
« prévenir ou comprimer au besoin le désordre.
« Avec tout cela, le roi de Naples n'en a pas moins
« séparé sa cause de celle de la France, et son
« armée, dit-on, va marcher contre la nôtre, qui
« est sous le commandement du prince Eugène
« dans la haute Italie. Nous assistons là vraiment
« à un bien étrange spectacle, et l'on est tenté de
« dire avec Bazile : *Qui trompe-t-on ici ?* »

Malgré la sauvegarde offerte aux artistes par le
général Pignatelli, un tel état de choses ne pouvait leur inspirer une grande sécurité. Aussi Mazois s'était-il à peu près décidé à quitter Rome
pour rentrer en France, quand il s'en trouva em-
pêché par des considérations analogues à celles
mêmes qui le déterminaient à partir. En effet, au
milieu du bouleversement général qui menaçait
alors l'Italie, voyager n'étant chose ni sûre ni fa-

cile, il ne lui sembla pas plus prudent d'emporter
avec lui que de laisser derrière lui ce qu'il appelait, à bon droit, sa petite fortune en germe ;
c'est-à-dire cet amas de dessins, de gravures, de
planches, d'études et de matériaux de toute espèce, sur quoi se fondaient son avenir et celui de
sa famille. Il se détermina donc sagement à attendre ; et comme les circonstances n'étaient nullement de nature à justifier la continuation des
doubles frais qu'exigeaient la gravure et l'impression de son ouvrage, il suspendit l'une et l'autre
pour ne plus s'occuper, en attendant des jours
meilleurs, que de la mise au net de quelques dessins et que des études relatives à la composition
de son texte.

C'est dans ces occupations studieuses qu'il passa
la fin de 1813 et les premiers mois de 1814. A
cette dernière époque, les grands événements qui
vinrent tout à coup changer l'état politique de la
France n'eurent pas un moindre retentissement
en Italie que dans le reste du monde. Ils y cau-
sèrent même une sensation d'autant plus vive que
l'esprit des populations y est plus ardent, et il fut
aisé de prévoir que la rentrée du pape dans ses
États deviendrait le prétexte d'ardentes manifes-
tations réactionnaires et peut-être même de scènes

regrettables. Aussi beaucoup de Français jugèrent-
ils à propos de quitter Rome, au moins provisoi-
rement, pour se soustraire à cette première ex-
plosion d'enthousiasme qui pouvait bien ne pas
être sans inconvénients pour eux. Mazois, par un
sentiment de juste susceptibilité nationale, avait
jusque-là respectueusement éludé les bienveil-
lantes propositions de la reine de Naples au sujet
de son retour auprès d'elle; mais en cette circonstance, croyant pouvoir accepter la généreuse protection qui lui était toujours offerte, il partit, bien
résolu toutefois à ne pas rester longtemps éloigné
de sa calme retraite du Monte-Pincio, et comp-
tant, quelque court que dût être ce voyage, le
faire encore tourner au profit de son travail sur
Pompéi. A peine arrivé à Naples, il y apprit la
mort de sa mère. Ce nouveau coup qui venait le
surprendre au milieu de ses espérances troublées
et de ses travaux compromis, au moment même où,
pour supporter ses revers de fortune, il aurait eu
le plus besoin de son courage, fut bien près de
l'abattre. Il perdait dans sa mère le véritable stimulant de son ardeur au travail; car c'était par
orgueil pour elle qu'il voulait illustrer sa carrière,
et dans l'espoir de lui rendre les douceurs de l'aisance, qu'il avait voulu associer à son œuvre

d'art une idée commerciale; il semblait qu'il n'y eût plus désormais de but à ses efforts. Son vieux père cependant lui restait; il se résolut à l'aller rejoindre, ne fût-ce que pour pleurer avec lui. La reine Caroline avait le cœur bon. Elle fut touchée de cette affliction si profonde; et comme elle avait besoin d'envoyer en ce moment-là quelqu'un à Paris avec une mission de confiance, elle proposa à Mazois de s'en charger. C'était, par un moyen indirect, plein de délicatesse, le distraire de ses tristes pensées, et lui fournir, en outre, les moyens de faire, avec promptitude et commodité, un voyage qui, de toute autre façon, eût été pour lui onéreux.

Après une séparation qui durait depuis près de six ans, le père et le fils se retrouvèrent à Paris, mais ne purent y passer que bien peu de jours ensemble; car, une fois son message accompli, Mazois avait pour instruction de retourner immédiatement à Naples. La Reine, satisfaite de ses services, voulut le retenir auprès d'elle; il préféra rentrer dans sa cellule du couvent des Minimes à Rome. Les encouragements qu'il avait recueillis à Paris comme à Naples avaient relevé son courage, et, confiant dans l'appui que semblaient lui promettre désormais l'un et l'autre pays, il se remit avec ardeur

au travail. Mais ce ne fut encore là qu'une espérance déçue. La tourmente politique de 1815 lui
fut bien autrement préjudiciable que celle de l'année précédente. Il se voyait privé tout à coup,
par le rétablissement des Bourbons sur le trône de
Naples, de sa protectrice, de la pension qu'il en
recevait, peut-être même des moyens de compléter désormais son œuvre ; car pouvait-il raisonna-
blement se flatter qu'une publication commencée
sous les auspices d'une sœur de Napoléon trouvât
jamais faveur auprès du roi Ferdinand ? Ce doute
cruel, joint au mauvais état où se trouvaient ses
affaires, lui faisait dire dans une lettre adressée à
M. de Clarac : « Je suis entre deux extrémités
« également pénibles, mourir de honte si j'aban-
« donne mon ouvrage, ou mourir de faim si je le
« continue. » Et pourtant dans cette entreprise se
trouvaient engagées, avec son honneur, toutes les
ressources dont il avait pu disposer jusqu'alors ; il
ne pouvait donc y renoncer sans tenter une lutte
suprême : c'est ce qu'il fit. Et il y a plaisir vraiment à voir avec quelle vaillante opiniâtreté et
quelle confiance en lui-même il affronte en définitive la mauvaise fortune.

« La foudre vient de tomber sur Naples, écri-
« vait-il au mois de juin 1815 ; elle a frappé mes

« protecteurs et dispersé mes amis; mais il me
« reste mon courage, mon intelligence et mon
« amour pour vous; c'est plus qu'il n'en faut
« pour surmonter les nouveaux obstacles dont
« semble se hérisser mon chemin. Je n'ai plus
« d'argent, à la vérité, ce qui rend ma situation
« fort critique; et je me vois, du même coup,
« privé de ma pension et de mes plus fermes ap-
« puis. Eh bien! il faut espérer que le ciel m'en
« suscitera d'autres. Est-ce qu'il abandonne ja-
« mais ceux qui, comme moi, ne forment que des
« vœux légitimes? En attendant, il faut me venir
« en aide, et tâcher de me procurer des capitaux
« sans contracter de nouvelles dettes. Il n'y a
« qu'un moyen pour cela, c'est de vendre la petite
« maison qui nous reste. Mon ouvrage, dont le
« succès est désormais assuré, nous sera d'un bien
« meilleur produit que cet immeuble chétif qui
« périclite. Sachez, au surplus, que le moindre
« retard dans la publication de mon œuvre peut
« avoir pour nous des conséquences fatales; et
« écoutez, à ce propos, ce qui a failli m'arriver.

« Il y a ici un jeune architecte anglais, nommé
« Robert Cockerel *, qui vient de faire un long
« voyage en Orient. Après avoir parcouru en tout

---

* M. R. Cockerel est devenu l'un des architectes les plus juste-

« sens l'Asie Mineure et la Grèce, il a visité, en
« artiste habile, en homme instruit, laSicile et le
« royaume de Naples, où il a recueilli de nom-
« breux et intéressants matériaux. Ayant appris
« de quoi je m'occupe, il est venu me voir. Nos
« goûts nous ont d'abord rapprochés; bientôt
« nos sentiments nous ont liés ; aujourd'hui nous
« sommes les meilleurs amis du monde. Oh !
« l'amitié des honnêtes gens n'est pas seulement
« une douceur, elle est aussi un bienfait, comme
« vous allez le voir. M. Cockerel, avec une grâce
« infinie, m'avait proposé ses bons offices pour le
« placement de mon ouvrage en Angleterre, lors-
« qu'il y serait de retour; un heureux hasard a
« permis qu'il pût, en attendant, me rendre ici
« un service plus grand encore. Son maître,
« homme riche, important et bien posé à Londres
« en sa qualité d'architecte de la cour, lui a écrit,
« pour lui dire qu'ayant formé le projet de faire
« dessiner et mesurer les ruines de Pompéi, en
« vue d'une grande publication qu'il comptait
« entreprendre, il le priait d'organiser ce travail
« et d'en accepter la haute direction. Ah ! mes

---

ment renommés de la Grande-Bretagne, et, depuis plusieurs années
déjà, il fait partie de l'Institut de France, comme membre associé
étranger.

« bons amis, quel coup on nous préparait là dans
« l'ombre! Cockerel, en homme loyal et bon,
« s'est empressé de répondre que les ruines de
« Pompéi, dessinées, comparées, expliquées avec
« autant de soin que de talent, avaient, depuis
« près de deux ans, commencé de paraître ; qu'il
« était fâcheux que l'Angleterre l'ignorât, quand
« la France et l'Italie le savaient ; qu'au surplus
« moins à lui qu'à personne du monde il pouvait
« appartenir de mettre la main dans cette nou-
« velle opération, attendu qu'il aimait et esti-
« mait beaucoup l'auteur de la première, et que,
« ne voyant dans une pareille concurrence que
« ruine et désastre des deux parts, il était de son
« devoir de le dire et de son honneur de n'y point
« contribuer.

« Quant au résultat il a été double : aban-
« don de tout projet de publication en Angle-
« terre, et souscription de l'architecte de la cour
« à mon ouvrage.

« Après ce trait providentiel, et quoiqu'il y ait
« bien dix pieds d'eau pour le moment dans
« ma cale, je ne me sens nullement d'humeur à
« abandonner le gouvernail ni la pompe : j'ai foi
« dans mon avenir. »

Sa confiance ne fut pas trompée. Il avait pour

voisin de cellule, au couvent des Minimes, Mgr l'é-
vêque d'Ortosia, alors auditeur de rote pour la
France. Ses liaisons avec ce prélat ne tardèrent pas à
le faire connaître de tout le personnel de l'ambassade de France à Rome. Mazois, comme je l'ai déjà
dit, exerçait en général sur ceux avec qui il vivait
une séduction dont la source était bien moins dans
son mérite que dans son caractère. Il plut infiniment à notre ambassadeur, M. de Pressigny, ancien évêque de Saint-Malo, qui le prit en grande
estime et en grande amitié. Ce fut par son entremise que M. le duc de Narbonne Pelet, alors représentant de la France auprès du roi de Naples,
obtint de la bienveillance particulière de ce
prince que la souscription consentie par l'ancienne
cour en faveur de l'œuvre de Mazois lui fût con-
tinuée.

Bien des protecteurs se fussent tenus pour sa-
tisfaits après un pareil résultat; M. de Pressigny
n'en prit qu'avec plus de chaleur les intérêts de
son protégé. Il trouvait qu'il y avait bien mieux
à faire que de souscrire à la publication d'un
ouvrage tel que les *Ruines de Pompéi*, c'était de ne
pas s'opposer à ce qu'il s'achevât. Or, le gouvernement napolitain voulait précisément qu'il ne pût
s'achever, et pour cela il n'avait eu qu'à étendre

à l'ancien dessinateur du cabinet de la Reine la
mesure de rigueur qui interdisait l'entrée du
royaume à tous les fonctionnaires du régime dé-
chu. A ce titre, Mazois ne pouvait plus retourner à Naples, et Pompéi restait désormais fermé
pour lui.

On peut aisément se figurer le nouveau genre
de supplice auquel il se trouvait par là condamné.
Avoir conçu une grande entreprise et s'être dignement préparé à la mener à bonne fin, en avoir
su habilement vaincre les difficultés, assurer la
marche, préparer le succès, et tout près de recueillir le fruit de tant de soins, voir son labeur
et son argent perdus, ses efforts rendus vains, ses
espérances jetées au vent, c'était une trop juste
cause de douleur pour que ceux qui en étaient
confidents ne cherchassent pas à y porter remède.
Malheureusement, toutes les tentatives faites à cet
égard par M. de Pressigny auprès du marquis de
Fuscaldo, alors ministre de Naples à Rome, étaient
restées jusque-là infructueuses; les barrières ne
s'abaissaient pas. Une année s'était ainsi écoulée en
sollicitations pressantes, mais inutiles d'une part,
et de l'autre en refus polis, mais persistants; lorsqu'une circonstance inattendue, dont l'ambassadeur de France sut tirer adroitement parti, vint

changer la face des choses. On était au mois
d'avril 1816, époque du mariage projeté entre
Mgr le duc de Berri et la princesse Caroline de
Naples; M. de Pressigny, chargé de demander au
Saint-Siége des dispenses pour ce mariage, les
ayant obtenues, fit appeler Mazois, et lui dit :
Voici des dépêches qui sont impatiemment at-
tendues par M. le comte de Blacas, chargé d'une
mission extraordinaire auprès du roi de Naples.
Voulez-vous partir comme courrier de cabinet
pour les lui porter? Avec ce titre vous ne rencon-
trerez nul obstacle et pourrez arriver droit chez
notre ambassadeur M. le duc de Narbonne. Mais
mon pouvoir ne va malheureusement pas plus
loin; une fois là, ce sera à vous d'user d'autant
d'esprit et d'adresse que vous en saurez avoir
pour pénétrer de nouveau jusqu'à Pompéi. Je
vous recommande, du reste, aux bontés de M. de
Blacas qui est l'ami du Roi.

Grâce à ce hardi stratagème du bon évêque de
Saint-Malo, Mazois put, en effet, arriver à Naples
sans encombre, et une fois au cœur de la place,
sut bientôt s'y ménager des appuis. MM. de Narbonne et de Blacas goûtèrent son esprit et son mérite comme l'avait fait M. de Pressigny lui-même,
et l'un et l'autre lui donnèrent de si publics témoi-

gnages d'estime et d'affection , que les ministres de
S. M. Sicilienne ne savaient plus comment prétex-
ter de leurs défiances politiques à son égard, en
présence du significatif patronage que lui accor-
daient publiquement les représentants officiels
du chef de la famille des Bourbons. Sa cause ne
pouvait cependant être regardée encore comme
gagnée, lorsque, par un caprice fortuit ou peut-
être ingénieux, Mme la duchesse de Narbonne, qui
était fort bossue, mais spirituelle à l'avenant, en
vint pleinement assurer le succès. Elle n'avait
point encore visité Pompéi. Il lui plut d'y aller
ostensiblement accompagnée de Mazois; et, comme
elle fut, dès le premier jour, tout aussi charmée
de l'aimable érudition de son cicerone que de
l'aspect intéressant de la ville, elle y retourna
plusieurs fois avec lui. Puis un soir, à la cour,
ayant trouvé adroitement occasion d'entretenir
le vieux roi Ferdinand du plaisir que lui avaient
procuré ces excursions et du vif intérêt que lui
avait inspiré son guide, elle le fit avec une telle
mesure et un tel esprit d'à-propos, que, dès le
lendemain, le ministre de l'intérieur eut ordre de
lever l'interdiction opposée au travail de Mazois.
Celui-ci mit bien vite à profit l'autorisation qui lui
était accordée ; et après avoir, avec son assiduité

habituelle, consacré une vingtaine de jours aux
études dont il avait besoin, il s'en revint à Rome,
où semblait luire enfin à ses yeux un avenir plus
serein. L'argent, ce grand mobile de toutes les
choses humaines, lui manquait encore toutefois,
et c'était là pour lui un reste de souci. Mais les
mêmes causes qui lui avaient fait perdre ses
protecteurs à Naples, lui avaient procuré des appuis nouveaux à Paris. La France, dont il n'avait
jusque-là rien obtenu, allait lui venir en aide.
M. Decazes avait parlé des *Ruines de Pompéi* au roi
Louis XVIII. Ce prince, comme son aïeul Louis XIV,
aimait les savants, les artistes et les gens de lettres.
Il permit qu'on lui présentât l'ouvrage, et, après
l'avoir attentivement parcouru, voulut qu'on en
complimentât l'auteur ; ordonnant en outre que,
par une souscription convenable, portée au bud-
get de sa maison, on encourageât un artiste dont
les travaux honoraient la France. M. Decazes ne
borna pas là ses bons offices ; grâce à son amicale
entremise, Mazois obtint encore, à titre de sous-
criptions, d'utiles encouragements du ministre
de l'intérieur et de celui des affaires étrangères.
L'eau, comme on dit vulgairement, revenait au
moulin.

Sur ces entrefaites, une mutation s'était opérée

dans le personnel de l'ambassade de France à Rome. M. de Blacas, une fois le mariage du duc de Berri conclu, avait remplacé M. de Pressigny près le Saint-Siége. Ce ne fut heureusement pour Mazois qu'un changement de protecteur et d'ami. La bienveillance affectueuse qu'avait pour lui Mgr l'évèque de Saint-Malo, il la retrouva dans M. de Blacas, qui ne tarda pas à lui en donner une marque certaine. Il y a, tout auprès du couvent des Minimes, à *Monte-Pincio*, une église française qui, jusqu'à la fin du siècle dernier, avait, à juste titre, passé pour l'une des plus riches de Rome. Mais les armées de la République, celles de Naples, d'Autriche et de Russie, aidées quelque peu des révolutionnaires romains eux-mêmes, l'avaient successivement mise au pillage. De toutes les œuvres du Pérugin, de Périn del Vaga, de Jules Romain, de Zuccheri et même de Daniel de Volterre, qui avaient fait autrefois le principal ornement de cette église, il ne lui restait plus que la fameuse Descente de croix de ce dernier maître, l'une des trois merveilles, au dire du Poussin, qu'ait produites l'École italienne; et encore ce tableau précieux se trouvait-il alors relégué dans une salle-basse obscure, où le chanci causé par l'humidité et la poussière achevait peu à peu de le détruire. A toutes ces causes de ruine un tremblement de terre s'étant joint, une partie de la voûte avait croûlé, entraînant des portions d'entablement avec elle, et d'énormes crevasses qui s'étaient produites de bas en haut sur tous les murs de l'édifice, en compromettaient la solidité. M. de Pressigny lui-même avait depuis longtemps compris qu'un tel abandon était chose honteuse pour la France ; mais il n'avait pas les moyens d'y remédier ; le nouvel ambassadeur, plus riche et plus en crédit, voulut y mettre fin par une restauration générale, qu'il chargea Mazois d'exécuter. A cette occasion était née dans l'esprit de M. de Blacas, comme dans celui de son architecte, une pensée noble et généreuse, celle d'appliquer une part des fonds destinés aux travaux de l'église, à des commandes de peintures dont l'exécution devait être exclusivement confiée aux artistes français qui se trouvaient alors à Rome. M. Ingres était du nombre, et c'est à cette circonstance qu'est dû son tableau de Jésus-Christ remettant les clefs du Paradis à saint Pierre. Ce magnifique ouvrage fait aujourd'hui partie de la collection du Luxembourg. Il est aisé de comprendre qu'on ait été jaloux d'y voir figurer cette œuvre capitale d'un des plus grands peintres de l'École française. Mais est-on bien sûr de n'avoir pas faussé par là l'intention du donateur ; et n'est-il pas d'ailleurs regrettable que, pour enrichir nos musées de Paris, déjà si riches, on ait dépouillé sans scrupule un établissement français noblement et pieusement restauré, sur le sol étranger, par des mains françaises?

Quoi qu'il en puisse être de ce préjudice porté à l'église des Minimes de Rome, Mazois, par la manière habile, prompte et économique avec laquelle il conduisit la restauration de cet édifice, n'entra que plus avant dans la conüance et la faveur de M. de Blacas, à qui il fut bientôt redevable de pouvoir montrer, sous des aspects nouveaux, la souplesse et la variété de son talent. Ce fut la visite du roi Ferdinand à son frère le roi Charles IV à Rome qui en devint l'occasion. Ces deux princes de la maison de Bourbon ne s'étaient point revus depuis leur jeunesse. En qualité de représentant de la branche aînée auprès du Saint-Siége, l'ambassadeur de France voulut fêter avec éclat la réunion de ces deux têtes couronnées dans la métropole de la catholicité. Carte blanche fut en conséquence donnée par M. de Blacas à son architecte, dont une si noble façon d'agir ne fit que stimuler davantage l'esprit d'ordre en même temps que le génie inventif. La villa Médici, qu'on avait mise à sa disposition, fut en peu de jours transformée, comme par un coup de baguette, en un véritable jardin d'Armide, où se trouvèrent conviés, avec l'élite de la société de Rome, tous les étrangers de marque qui étaient alors dans cette ville. Le bon goût, l'élégance, la suprême distinction de cette fête, encore plus que sa magnificence, en firent le succès ; et le juste retentissement qu'elle obtint, vint cette fois tirer tout de bon Mazois de cette classe d'antiquaires et d'écrivains savants dans laquelle plus d'un confrère jaloux s'était jusque-là appliqué à le reléguer. A Rome, comme à Portici, il venait de se montrer à la fois homme d'action et artiste. Ses preuves à cet égard étant faites, il n'en revint qu'avec plus de confiance à ses études et qu'avec plus d'ardeur à ses livres. Il en avait plus d'un alors sur le métier. Des recherches immenses qu'avaient exigées les *Ruines de Pompéi* étaient nés tout naturellement la pensée, le plan et l'exécution du *Palais de Scaurus*. Cet ouvrage, où la plus solide érudition se dérobe sous des formes aussi gracieuses qu'attrayantes, fut le fruit des loisirs forcés et souvent douloureux auxquels Mazois s'était vu condamné par les interruptions ap-

portées dans son grand travail. Et pourtant rien
n'y trahit jamais ses cruelles préoccupations.
L'allure en est dégagée, le style ferme et élégant,
la pensée noble, grave et sereine. En aucun autre
écrit autant qu'en celui-là, il n'a montré l'agrément de son esprit, la sûreté de son goût, la
finesse de son jugement. Fidèle aux préceptes de
cette belle antiquité dont il semble s'être surtout
inspiré dans l'exécution de cette œuvre charmante,
il a su, toujours à propos, y sacrifier aux grâces et
mêler habilement à ses récits les plus familiers,
à ses peintures les plus légères, l'expression des
sentiments les plus dignes et les plus élevés. Si la
forme en est imitée de celle d'Anacharsis, comme
on a pu depuis le dire de tant d'autres, au moins
faut-il reconnaître que de tous les ouvrages du
même genre il n'en est point où la fiction se
trouve plus fermement établie sur la réalité, et
où la physionomie des anciens soit reproduite
d'une façon plus vraie et plus saisissante. Il n'y a
pas, dans ce livre, une page, je dirais presque un
alinéa, dont le fond n'appartienne en propre à
Vitruve ou à Varron, à Lucrèce ou à César, à
Horace ou à Suétone, à Plaute ou à Cicéron, à
Pline ou à Juvénal, en un mot à tous les grands
écrivains de Rome. Ce sont bien véritablement

eux qui parlent et qui décrivent ; les innombrables
citations sur lesquelles s'appuie le texte en font
foi. Et cependant de ce luxe d'érudition ne ré-
sulte, on doit le dire, qu'une plus juste confiance
inspirée au lecteur, sans qu'il en éprouve jamais
ni trouble ni interruption dans le plaisir qui lui
vient de cette peinture si parfaitement achevée des
mœurs et des usages des anciens. L'art extrême avec
lequel a été composé cet ouvrage de si peu d'é-
tendue explique du reste le genre de succès qu'il
obtint à son apparition en France et même à
l'étranger ; succès littéraire autant qu'archéolo-
gique, pour le moins, et qui avait plutôt sa source
dans la finesse d'observation et le gracieux tour
d'esprit de l'auteur, que dans l'ordre et le soin
avec lesquels il avait su recueillir et grouper tant
de curieuses recherches sur l'antiquité.

Quand le premier volume des *Ruines* fut achevé,
Mazois eut la pensée d'aller lui-même offrir au
roi Louis XVIII l'exemplaire qui lui était destiné.
Il y était d'ailleurs encouragé par les deux meilleurs amis qu'eût alors ce prince, MM. Decazes et
de Blacas, auprès desquels il avait su trouver une
égale faveur, bien qu'ils fussent ouvertement
ennemis l'un de l'autre. Sous ce double patronage
un bon accueil lui semblait assuré à la cour : il

crut pouvoir en tenter les abords. Son *Palais de
de Scaurus* étant également prêt à paraître, il vit
dans cette circonstance un motif de plus pour
venir à Paris. Mais une autre raison, et la plus im-
périeuse peut-être, quoique la moins avouée, le
déterminait encore à entreprendre ce voyage. Il
avait depuis dix ans quitté son pays; il lui tar-
dait d'y rentrer pour se rapprocher de ses amis,
pour vivre au milieu de sa famille. Jusque-là,
campé en quelque sorte sous la tente, il n'avait
jamais pu songer à un établissement sérieux et
définitif; il voulut venir le chercher en France, où
devant son nom déjà si honorablement connu,
semblait devoir s'ouvrir désormais pour lui une
carrière facile. L'Italie n'avait guère plus rien
à lui offrir; ses documents sur Pompéi étaient,
sinon complets, du moins au niveau des découvertes les plus récentes; il lui était donc loisible
d'achever son œuvre aussi bien à Paris qu'à
Rome. Parti de cette dernière ville vers la fin de
1818, il alla directement à Bordeaux, où il passa
quelques semaines auprès de son père, et de là il
se rendit à Paris. Plus d'un bonheur l'y atten-
dait; mais ce fut assurément celui qu'il avait le
moins prévu qui l'y retint et qui décida de son
sort.

Trop absorbé par ses travaux ou trop maîtrisé peut-être par les événements, Mazois n'avait jamais voulu ni s'occuper lui-même, ni qu'on s'occupât pour lui d'aucun projet de mariage. En changeant de position, il changea d'idées, ce qui arrive aux plus sages. M. Decazes, alors ministre de l'intérieur, venait de le nommer inspecteur général et membre du conseil des bâtiments civils. C'était débuter par où bien d'autres se seraient estimés heureux de finir. Mais l'éclatant succès du *Palais de Scaurus* et les récents éloges qu'avait obtenus de la quatrième classe de l'Institut le premier volume des *Ruines de Pompéi*, justifiaient de reste une telle faveur. Le spirituel ministre de qui elle émanait, entendant parler devant lui, avec une certaine affectation, de la trop grande jeunesse du nouveau titulaire, se contenta de dire : *Il a mon âge.* L'importance de ces nouvelles fonctions, l'amitié du ministre à qui il en était redevable, les espérances qu'il pouvait fonder sur cette amitié même, enfin le retentissement qui commençait à s'attacher à son nom, et dont il lui était permis d'attendre quelques avantages pour sa fortune, tout semblait l'autoriser, en ce moment, à diriger ses vues vers ce qu'on est convenu d'appeler un beau mariage; il

eut le bon esprit de ne vouloir qu'un mariage
heureux.

Justement épris d'une de ses jeunes parentes en
qui se trouvaient réunis les dons naturels les plus
charmants et les agréments acquis les plus rares,
il la demanda en mariage, et l'obtint. C'était la
fille cadette de M. Alexandre Duval, de l'Académie
française. Cette union ne fut contractée toutefois
que l'année suivante, au retour d'un dernier
voyage que Mazois dut faire en Italie, au mois de
septembre 1819, en vue de régler les intérêts
qu'il avait encore dans ce pays et de n'y rien
laisser qui ne pût être conduit désormais aussi
bien par des correspondants que par lui-même.
Mais des difficultés sans nombre et plus d'une
amère déception l'attendaient à Rome et surtout
à Naples. Le ministère venait d'y être changé.
Aux hommes dont les dispositions lui étaient devenues peu à peu favorables avaient succédé des
inconnus dont l'indifférence ne pouvait que
lui être nuisible. Il trouvait en outre l'ambassadeur de France malade, son libraire mort, les
exemplaires des *Ruines* qu'il avait mis en consi-
gnation chez ce dernier, dispersés ou vendus au
profit de la succession. Enfin, tout lui tournait à
mal, jusqu'à la permission de faire de nouvelles

recherches à Pompéi qui faillit lui coûter la vie. Mais, comme de coutume, rien ne put abattre son courage ni altérer sa bonne humeur. Voici le gai récit qu'il fait lui-même de cet événement dans une lettre adressée, le 4 novembre 1819, à Mlle Duval :

« Je me suis vu déjà bien souvent précipité
« du plus haut de mes espérances ; mais, sem-
« blable à la balle élastique qui se relève avec
« d'autant plus de force qu'elle a été jetée à terre
« plus violemment, je me retrouve, après cha-
« cun de mes petits revers de fortune, dans une
« position meilleure qu'auparavant. C'est, comme
« vous le voyez, presque jouer à qui perd gagne ;
« aussi ne veux-je désespérer de rien. Cependant
« à ce jeu étrange, l'autre jour, j'ai failli vous
« perdre, et eussé-je dû y gagner le paradis, n'en
« déplaise à Dieu, je n'aurais pas volontiers pris
« en échange l'un pour l'autre.

« Figurez-vous que j'étais à Pompéi, juché sur
« un mur étroit et ruiné, d'environ neuf à dix
« pieds de hauteur. Le voilà tout à coup qui s'é-
« branle, s'écroule et m'entraîne avec lui tête en
« bas, droit sur le pavé de marbre antique. Je
« n'aurais pas dû m'en relever, tant la chute était
« rude ; mais je commence à croire que j'en vais

« être quitte pour deux ou trois côtes enfoncées
« et quelques déchirures peu graves au front, au
« menton et aux lèvres. Ce ne sera, ma foi, pas
« trop, vu les circonstances. Et pourtant, à part les
« charmantes douceurs que me promet désormais
« la vie de moitié avec vous, je dois dire que je ne
« retrouverai jamais si belle occasion de mourir,
« ni lieu aussi propice à me faire enterrer. Car
« deux sépultures se fussent ainsi trouvées véri-
« tablement à leur place, en ce monde ; celle de
« Bouillon à Jérusalem et la mienne à Pompéi. »

C'était rester jusqu'au bout dans son rôle et
faire spirituellement ses adieux aux lieux mêmes
qui avaient servi si longtemps de théâtre à ses
travaux comme à ses succès, à ses luttes comme à
ses triomphes. Mieux qu'à personne, en effet, il
était permis à Mazois de croire que son nom res-
terait glorieusement inscrit dans l'histoire de ces
champs phlégréens où, depuis plus d'un siècle,
le génie moderne dispute à l'action destructive du
temps les derniers vestiges du génie antique.

De retour à Paris, au commencement de 1820,
il appela auprès de lui son vieux père, et s'em-
pressa de former l'union qu'il avait projetée. Mais,
bien qu'il n'eût cherché dans cette union que le
bonheur, il crut prudent d'en vouloir établir la

durée sur l'aisance. Or, comme les fonctions de membre du conseil des bâtiments étaient, à cette époque, incompatibles avec le titre d'architecte du gouvernement, force lui fut de chercher dans les travaux particuliers des avantages et des profits qu'il ne pouvait trouver dans les travaux publics. Parmi ceux dont l'exécution ne tarda pas à lui être confiée, on doit mentionner trois ou quatre maisons élégantes construites dans le quartier François Iᵉʳ, ainsi que l'hôtel de Blacas et les deux grands passages de *Choiseul* et *Saucède*.

Faisant, du reste, marcher de front ses travaux nouveaux et ses études habituelles, il put, grâce à l'infatigable activité de son esprit, satisfaire à toutes les obligations que lui imposait son grand ouvrage et trouver encore assez de loisir pour publier, dans divers recueils périodiques français et italiens, plusieurs articles intéressants relatifs à des questions archéologiques. Vers ce même temps parurent, dans le premier volume du *Théâtre complet des Latins*, ses *Considérations sur la forme et la distribution des théâtres antiques*; petit essai plein d'érudition pratique, par lequel il semblait avoir voulu préluder au travail plus étendu qu'il se proposait d'entreprendre sur les constructions théâtrales et les jeux scéniques des Romains,

comme il venait de le faire d'une façon si intéressante sur leurs mœurs et leurs habitations particulières, dans le *Palais de Scaurus*. Malheureusement, la mort ne lui laissa pas le temps d'écrire
cette seconde partie du Voyage de Mérovir.

La fin de Mazois fut toutefois plutôt prématurée qu'imprévue. Plusieurs indices du mal qui
devait l'emporter étaient déjà venus frapper ses
amis et l'avaient aussi préoccupé lui-même, sans
qu'il se fût, pour cela, résigné à jamais prendre
le repos dont il avait besoin. Il croyait délasser
son esprit en variant ses occupations; ce n'était
en réalité qu'un changement de fatigue. Mais il
avait l'incurable ambition du travail, et peut-être
aussi un peu celle des légitimes distinctions qu'il
procure. Au mois d'août 1823, le roi Louis XVIII le
nomma chevalier de la Légion d'honneur, faveur
qui parut tardive, surtout après les suffrages
hautement accordés par ce prince aux publica-
tions de Mazois. Dans le courant de cette même
année, il se présenta, pour la première fois, à
l'Institut, où la mort de l'architecte Heurtier laissait une place vacante.

Le nombre et la nature des travaux dont il s'é-
tait jusqu'alors occupé, le succès qui les avait
couronnés tous, les mérites rares et divers dont ces

travaux témoignaient, tout semblait présager un
accueil favorable à sa candidature. Elle échoua
cependant, et non-seulement cette fois mais encore
dans deux autres élections qui eurent lieu en
1824 et en 1825. Il crut voir, dans cette persis-
tante préférence accordée à ses compétiteurs,
quels qu'ils fussent, une sorte de parti pris à son
égard, contre lequel il résolut de ne point se heur-
ter davantage. C'était assurément se méprendre
sur l'esprit d'un corps qui, quoi qu'il arrive, ne
peut jamais être dirigé que par des motifs avoua-
bles; mais il ne pouvait s'abuser, à vrai dire,
sur certaines inimitiés implacables qui, en souvenir d'anciens et profonds dissentiments politiques, usaient au dehors comme au dedans
de l'Institut des plus indignes moyens d'influence pour paralyser les bonnes dispositions de
ses amis et dénaturer ses titres. Ne pouvant nier
la valeur de ses travaux, on les voulait du moins
faire tenir pour étrangers à ceux que l'Académie
des Beaux-Arts doit récompenser de ses suffrages.
C'était pure chicane envers un homme qui, à
tous égards, avait certes plus de droits qu'il n'en
fallait pour entrer honorablement en compéti-
tion avec qui que ce fût. Mais toute discussion est
oiseuse devant les résultats d'un scrutin. Ce qui

put dédommager un peu Mazois de cette triple
défaite, ce fut le mot piquant de M. Villemain :
« La quatrième classe ne veut pas de vous, lui dit-
« il? que ne vous présentez-vous à la nôtre? »
Peut-être bien, en effet, était-ce parce qu'il aurait
pu siéger dignement à côté de l'illustre acadé-
micien, que l'auteur des *Ruines de Pompéi* et du
Palais de Scaurus ne pouvait parvenir à s'asseoir
auprès de certains architectes et peintres dont les
noms et les œuvres sont aujourd'hui également
en oubli.

Que beaucoup de succès excite un peu d'envie,
c'est chose trop ordinaire pour qu'on doive s'en
étonner ou s'en plaindre ; ce qui l'est moins, c'est
de rencontrer des persécuteurs dans ceux mêmes
qu'on a obligés, c'est de découvrir des traits de
perfidie là où l'on comptait trouver des marques
d'amitié. Tristes déceptions qui auraient pu dé-
courager un cœur moins généreux que celui de
Mazois; mais le sien, toujours plus prompt à
s'attendrir qu'à s'irriter, continua d'aller, par
inclination naturelle, vers ceux qui semblaient
avoir besoin de lui. L'ingratitude de quelques
hommes avait pu le navrer, non le changer ;
et il demeura · jusqu'à la fin serviable quand
même.

Lors du sacre de Charles X, en 1825, bien que rien ne semblât le désigner au choix de la cour, si ce n'est pourtant son mérite, Mazois se trouva tout à coup chargé de la difficile mission d'approprier les bâtiments de l'archevêché de Reims à la réception du Roi et de sa suite. Le temps pressait; il s'agissait de faire vite et bien ; on put donc croire que M. le duc de Blacas, qui était alors premier gentilhomme de la chambre, s'était volontiers souvenu des tours de force de son architecte à Rome. Ces bâtiments étaient presque en ruines. Il fallut, sinon en refaire la charpente, du moins la receper en entier, et lui donner des supports nouveaux; distribuer les eaux d'une façon plus commode et plus abondante; agrandir la salle de banquet; en corriger les irrégularités: la décorer avec goût et magnificence, tout en s'y conformant au style de l'époque, clairement indiqué par une vaste cheminée qui porte la date de 1499, et qui est encore ornée des armes du cardinal Briçonnet. Il n'y eut pas moins de quatre cents ouvriers, sans relâche occupés, durant tout un mois, à ce travail de reconstruction et de décoration. Un autre monument plus ancien encore, la fameuse abbaye de Saint-Remi, dont les fondements furent jetés vers le milieu du dixième siècle,

se trouvait aussi, à l'époque du sacre, dans un
tel état de dégradation qu'il y avait nécessité ab-
solue et urgente de le démolir ou de le reconstruire.
L'insuffisance des ressources municipales l'aurait
laissé périr : la munificence royale le sauva; et l'habileté de l'architecte seconda si bien les nobles
inspirations du prince, qu'au jour convenu, le
chapitre des ordres put venir en grande pompe
à Saint-Remi, et avec tout le cérémonial d'usage,
tenir sa séance traditionnelle dans cette antique
abbaye de fond en comble restaurée.

En toutes choses, du reste, on semblait opérer
avec la même grandeur et la même célérité. Il n'y
eut pas un seul des services de la maison du Roi
qui, pour ces trois ou quatre jours consacrés à la
cérémonie du sacre, n'obtînt son établissement
spécial comme pour une résidence définitive. On
pouvait se croire reporté aux fastueuses époques de
Louis XIV ou de Louis XV; qu'on en juge par ce
seul fait que je tire encore de la correspondance
de Mazois : « Si j'en ai heureusement fini avec les
« appartements du Roi et de la cour, écrivait-il
« de Reims, je n'en puis dire autant des écuries.
« J'avais cru, dans le principe, n'en avoir besoin
« que de dix-neuf; il m'en faudra quarante-trois,
« dont la plus petite devra contenir dix chevaux

« et la plus grande deux cent cinquante, réparties
« dans les divers quartiers de la ville. N'est-ce
« pas à en perdre la tête? Or, comme ce n'est
« guère à pied qu'on peut suivre de pareils tra-
« vaux et faire les tournées de surveillance qu'ils
« exigent, on vient de mettre à ma disposition
« une assez honorable monture; et ce n'est, ma foi,
« que justice : un architecte doit être à cheval
« qui bâtit pour des chevaux. »

Si en même temps qu'il lui fallait satisfaire à de
telles nécessités de service, il eût encore voulu
écouter toutes les réclamations plus ou moins fon-
dées que lui adressaient journellement les divers
officiers de la maison du Roi, il se fût jeté dans une
véritable impasse. Aussi prit-il résolument son
parti, et ne fit-il que ce qui lui parut juste et nécessaire. Mais, grâce à son savoir-vivre exquis et à
son inépuisable esprit de ressource, il parvint toutefois à donner satisfaction au plus grand nombre et à ne mécontenter personne. C'est de quoi le
complimenta Charles X avec cette grâce parfaite
qu'il mettait dans ses moindres paroles. « Ce que
« vous avez fait pour moi, M. Mazois, lui dit-il, est
« charmant et du meilleur goût; je vous en re-
« mercie; mais on m'assure qu'au château vous
« avez su, en outre, satisfaire tout le monde. Je

e

« vous en félicite : c'était plus difficile que de me
« contenter moi-même. »

Mazois reçut, à cette occasion, la croix d'officier de la Légion d'honneur ; récompense dont il
eut lieu d'être d'autant plus flatté cette fois, que,
bien qu'il n'eût pas encore atteint le temps exigé
par les statuts pour ce nouveau grade, le Roi voulut, par exception, le lui donner.

A la suite de cet excès de travail et de fatigue,
se manifesta chez lui un dérangement de santé qu'il
essaya de combattre, selon sa coutume, par de
simples émissions sanguines; il n'en éprouva qu'un
faible soulagement : la lassitude et le malaise per-
sistèrent. Peut-être n'était-il déjà plus temps d'arrêter le mal dont il était menacé. Mais ce qui, dans
tous les cas, en accéléra bien malheureusement
la marche, ce fut la mort de sa fille aînée. A partir
de ce moment, son esprit s'assombrit et sa sensi-
bilité s'exalta. Cherchant plus que jamais dans
le travail un remède à ses chagrins aussi bien qu'à
ses maux, il outrepassa, selon toute apparence, la
mesure ; car bientôt des étourdissements du plus
mauvais présage pour un homme replet comme
lui vinrent exciter, à juste titre, les alarmes de
sa famille. Entouré toutefois des soins les plus ingénieux et les plus tendres, il parut avoir recou-

vré, après quelques semaines de repos, assez de
sérénité et de force pour se remettre sérieusement
à l'étude d'un des plus importants projets de construction qu'on pût demander à un architecte ; il ne
s'agissait de rien moins que de bâtir une nouvelle
salle des Députés. Et comme si ce n'eût pas été là
un suffisant aliment à l'activité de son esprit, il
s'occupait en même temps d'une savante notice
sur les embellissements de Paris, et avec non moins
d'ardeur d'un vaste plan de nécropole pour cette
capitale dont les cimetières avaient, à cette époque déjà, pris un tel développement, que M. le
comte de Chabrol, alors chef de l'édilité parisienne,
dut songer aux moyens d'arrêter ou tout au moins
de détourner cet empiétement progressif du domaine des morts sur le domaine des vivants. L'é-
tude dont je parle ici et que j'ai vue, fruit d'une
conception aussi hardie que savante, a dû être re-
trouvée dans les dessins de Mazois ; il est à regret-
ter qu'elle n'ait pas été connue de l'administration
municipale, dont elle aurait peut-être modifié les
résolutions à ce sujet. Une pareille surexcitation
ne pouvait qu'amener bientôt de nouveaux troubles dans sa santé. En effet, vers la fin de 1826, une
hémorragie, dont les médecins méconnurent les
relations trop certaines avec une affection congé-

e.

niale du cerveau, se déclara chez lui violemment. Contraint, pour cette fois, de garder un repos de corps et d'esprit absolu, il lui fallut renoncer à ses dessins et à ses livres; mais le démon du travail n'y devait rien perdre : ne pouvant faire autre chose, il fit des vers; c'était l'amusement habituel de ses loisirs, ce le fut aussi de sa maladie. Né en quelque sorte avec lui, ce goût ne l'avait jamais abandonné. Il faisait des vers partout et sur tout; le plus souvent avec infiniment de délicatesse et de grâce. Les derniers qu'il composa sont empreints du profond découragement de son âme et du triste pressentiment de sa fin; je ne les rapporte point ici, parce que Mazois n'ayant jamais voulu mettre qu'un petit nombre d'amis dans la confidence de son innocente passion de rimer, il m'a semblé convenable d'imiter à cet égard sa louable pudeur.

Quoique profondément atteint dans les sources mêmes de la vie, il n'en avait pas moins, en apparence, repris encore le dessus; et même les médecins tenaient son rétablissement pour assuré, lorsque le 31 décembre 1826, peu d'instants après s'être mis à table pour faire son léger repas du soir, on le vit se renverser tout à coup sur son siége, et, portant vivement la main à son front, s'écrier : Je suis un homme perdu! Ce furent les derniers mots qu'il proféra : il venait d'être frappé d'apoplexie. J'étais présent; et à plus de trente ans de distance, j'ai là palpitante encore sous mes yeux cette scène de trouble et de désolation où amis et parents, confondus dans la même tendresse et la même douleur, imploraient, au milieu de leurs sanglots, des secours qui, pour être moins tardifs, n'en auraient pas été plus efficaces, tant le coup avait été foudroyant.

La mort vint ainsi arrêter Mazois au milieu de sa course, alors que jeune encore, mais mûri par l'étude et encouragé par le succès, il allait entreprendre cette intéressante série d'ouvrages projetés dont les matériaux étaient déjà recueillis et les plans tout tracés ; elle vint l'atteindre, même avant qu'il eût pu terminer l'œuvre qui avait commencé sa réputation, et sur laquelle se trouvent fondés ses vrais titres de gloire. Il n'y avait eu, en effet, de publiés en entier, de son vivant, que les deux premiers volumes des *Ruines de Pompéi;* l'un relatif aux tombeaux et aux murailles de la ville ; l'autre aux habitations particulières et aux mille détails de la vie privée des anciens, tels que sont venus les révéler les découvertes faites de 1755 à 1821. Du volume suivant trois livraisons seulement avaient

paru dans le courant de 1826 ; cinq autres qui se
trouvaient toutes préparées ne tardèrent pas à les
suivre. Mais là s'arrêta la collaboration active de
Mazois. Il laissait heureusement après lui d'immenses matériaux et 454 dessins inédits qui, re-
mis aux dignes mains de ses éditeurs, MM. Didot
frères, purent, avec le concours éclairé de MM. Gau,
de Clarac et Letronne, servir à compléter enfin ce
grand et magnifique ouvrage dont la France doit
s'honorer à plus d'un titre.

Jusqu'en 1812, on n'avait rien publié sur Pompéi qui répondit à la légitime attente du public.
Ce n'était assurément, ni les Recherches d'Ancora
sur cette ville et celle d'Herculanum, ni l'itinéraire
de l'abbé Romanelli, ni la Dissertation de Nico-
lasi sur Pompéi en particulier, ni les quelques
dessins pris à la dérobée par les Anglais sous le
ministère d'Acton, ni enfin ce qu'en avait dit
l'abbé de Saint-Non dans son *Voyage pittoresque*,
qui pouvaient satisfaire les vrais amateurs d'antiquités, pas plus que les artistes et les savants. L'A-
cadémie de Naples elle-même, qui jouissait depuis
si longtemps du monopole de ces ruines précieuses, n'avait encore mis en lumière, à cette
époque, que deux volumes des peintures et des
mosaïques tirées de Pompéi. Quant aux vues de

cette ville publiées en feuilles détachées par Pi-
ranesi, bien que réputées pour leur agrément,
elles n'étaient guère qu'un guide dangereux dont
l'infidélité s'abritait derrière la renommée de leur
auteur. Ce fut donc véritablement l'ouvrage de
Mazois qui vint redresser les erreurs, réparer
les omissions, remplir les lacunes de tous les ouvrages d'un genre quelconque qui avaient été
publiés jusqu'alors sur ce sujet ; il était venu, en
outre, expliquer d'une façon aussi claire qu'at-
trayante, et comparer avec autant d'exactitude que
de sagacité, au double point de vue de l'architecture et de l'histoire, tous ces restes d'édifices anciens que la jalouse indolence du gouvernement
napolitain avait, pendant plus d'un demi-siècle,
soustrait à la studieuse curiosité du reste du monde.

C'étaient là d'importants et heureux résultats,
qui sont rarement dus aux efforts d'un seul homme ;
car combien n'exigent-ils pas d'aptitudes et de
qualités diverses ! En effet, pour mener à bonne
fin une pareille entreprise, ce n'était pas seulement de savoir et d'érudition qu'il s'agissait ; il
fallait y apporter encore du coup d'œil, de la décision, du jugement ; joindre à un grand amour
du travail le courage et la force de volonté qui en
doublent la puissance ; faire marcher de front

l'esprit de critique et l'esprit de recherche;
unir la délicatesse du goût à l'habileté de la main ;
il fallait être tout à la fois écrivain et artiste, et
savoir pour cela emprunter aux couleurs d'une
imagination vive, mais sagement réglée, le
charme d'un style toujours clair, simple, élégant et pittoresque. Toutes facultés précieuses
qui, libéralement départies à Mazois, lui auraient
sans aucun doute permis de suffire à lui seul
aux nombreuses exigences de son œuvre, s'il
n'eût été du nombre de ces victimes d'élite que
Dieu semble ne montrer au monde un court moment, que pour nous mieux faire comprendre
la fragilité des avantages sur lesquels l'homme
fonde sa prééminence ici-bas.

VARCOLLIER.

PRÉFACE.

Arioviste régnait sur les différents peuples de la Germanie qui composaient la nation des Suèves, lorsque le gouvernement des Gaules échut à César. Ce dernier, pendant son consulat, avait traité le roi des Suèves avec une bienveillance particulière ; il lui avait accordé le titre d'*Ami du sénat et du peuple romain*, et l'avait comblé de riches présents. Mais Arioviste, ayant imposé des tributs et demandé des otages aux Éduens, alliés de la république, César fit contre ce prince sa première campagne des Gaules, lui livra bataille dans les plaines de la Franche-Comté, et le défit complètement. Arioviste vaincu s'enfuit, sans s'arrêter, jusqu'au Rhin, qu'il traversa dans une petite barque, abandonnant sur le rivage ses femmes et ses enfants. Une partie de cette famille infortunée périt dans le désordre de la défaite; le reste demeura au pouvoir du vainqueur (1). Mérovir, l'aîné des fils du roi barbare, et qui, à peine sorti de l'enfance, portait les armes pour la première fois, fut au nombre des prisonniers. César le traita avec douceur, et le garda dans une des villes de la province romaine jusqu'à la huitième année de la guerre.

Pendant son séjour dans la Gaule narbonnaise, Mérovir eut le temps d'adoucir ce que les mœurs de son pays pouvaient avoir de rude et de sauvage. Il prit quelque teinture des lettres, des arts, et se familiarisa avec la langue latine.

(1) Cæs., *De bell. Gall.*, lib. I.

Après la dernière révolte des Gaulois, César, qui se préparait à repasser les Alpes l'année suivante, crut prudent d'éloigner le jeune prince suève, et il l'envoya en Italie. C'est alors que Mérovir écrivit la relation de son voyage, dont nous publions aujourd'hui un fragment.

Né au milieu des forêts de la Germanie, longtemps captif dans une province éloignée, étranger aux coutumes des Romains, doué de sentiments élevés et d'une imagination vive, Mérovir dut nécessairement recevoir une impression profonde, en voyant Rome pour la première fois; aussi s'empressa-t-il d'épancher l'espèce d'émotion qu'il éprouvait, en décrivant chaque jour à son ami Ségimer, resté dans les Gaules, tout ce que Rome put lui offrir d'extraordinaire, d'intéressant ou de nouveau. Cette circonstance nous a conservé les détails curieux pour l'histoire des arts et de la vie privée des Ro-

mains que nous publions ici, et qui
étaient comme perdus chez les anciens
auteurs, où on ne les trouve qu'épars et
isolés.

Si ce premier essai était lu avec quelque intérêt, nous nous ferions un plaisir
de reconnaître l'indulgence d'un tel accueil, en donnant les autres fragments
du journal de Mérovir, relatifs au Forum
romain, au Capitole, aux cérémonies re-
ligieuses, aux théâtres, aux jeux de
l'Arène; et nous sacrifierions volontiers
encore à cette publication les moments
de loisir que peuvent nous laisser des
études plus sérieuses et des occupations
plus utiles.

LE PALAIS
DE SCAURUS.

CHAPITRE PREMIER.

MÉROVIR, FILS D'ARIOVISTE, ROI DES SUÈVES, A SON AMI SÉGIMER.

Lorsque je quittai les Gaules, tu me fis
promettre d'écrire pour toi tout ce que je
verrais d'intéressant dans mon voyage. J'ai
jusqu'ici tenu ponctuellement ma promesse;
et déjà je t'ai adressé mon itinéraire contenant la description des principaux lieux que
nous avons rencontrés sur la route. J'ai re-
mis dernièrement à ceux des otages qui s'en
retournent la relation de notre entrée dans
Rome. Voici aujourd'hui un nouveau frag-

ment de mon journal; il contient la description d'un des plus beaux palais de cette ville.
Je pense que ce tableau du luxe des habitations romaines aura quelque intérêt pour toi,
car tu ne saurais être sans curiosité sur ce
qui concerne des mœurs si différentes des
nôtres.

Nous sommes toujours logés chez Chrysippe, auquel nos amis de Padoue nous ont
recommandés. C'est un jeune artiste grec
qui, ayant perdu tous ses biens dans les derniers troubles de sa patrie, est venu chercher
à Rome la fortune et la gloire. Ses mœurs
douces, sa loyauté, ses talents, lui ont procuré d'aimables amis, des protecteurs puissants, une existence honorable. Il trouve ici
dans l'exercice de son art des occupations
pleines de charmes qui le consolent à la fois
de ses malheurs passés et de ces basses inimitiés que les succès attirent presque toujours
au mérite.

Nous sommes devenus amis inséparables;
il nous guide dans tous les lieux intéressants,
sa complaisance ne se lasse jamais de satis-

faire notre curiosité, ou d'éclairer notre igno-
rance; il nous est principalement utile dans
l'examen des monuments; car Chrysippe est
habile architecte (1) et versé dans l'histoire
de son art.

Il y a quelques jours qu'étant assis avec
plusieurs de ses amis dans un *hémicycle* (2)
de son jardin, je l'entretenais de notre Germanie; je cherchais à lui peindre l'horreur de
nos bois sacrés (3), à lui décrire nos sacrifices (4), nos longs repas qui, tout grossiers
qu'ils sont, ne laissent pas d'être pour nous
d'une magnificence ruineuse (5). Lorsque je
vins à lui faire le tableau de nos maisons

---

(1) Il était architecte de Cicéron (*ad Attic.*, lib. III.
epist. 29; lib. XIV, epist. 9). Cicéron avait encore un
autre architecte qui s'appelait Cluatius (*Id.*, lib. XII, 18).

(2) Cic. *de Amicit.*, cap. 1, 2. On appelait ainsi un banc
demi-circulaire. Voyez, pour de semblables hémicycles,
les *Ruines de Pompéi*, tom. I, pl. 3, 7, 33, 34.

(3) Tacit., *de Morib. German.*, IX.

(4) *Ibid.*, XXXIX, XL.

(5) *Ibid.*, XIV.

bâties sans ciment, sans mortier, sans briques, grossièrement décorées de quelques
traits colorés qui ressemblent à peine à de la
peinture (1), Chrysippe ne put s'empêcher
de rire de mon récit. « Mérovir, me dit-il,
« vous parlez déjà assez bien la langue ro-
« maine; vous êtes sensible à la majesté de
« cette ville; nos mœurs commencent à ne
« plus vous effaroucher, et nous avons lieu
« d'espérer que vous n'irez plus habiter ces
« huttes enfumées auprès desquelles la ca-
« bane de Romulus (2) serait, à ce qu'il me

---

(1) TACIT., *de Morib. German.*, XVI.

(2) On voyait, sur la roche Sacrée au Capitole, la maison de Romulus : ce n'était qu'une chaumière couverte
en paille (VITRUV., lib. II, cap. 1). Denys d'Halicarnasse
(lib. I) la place entre le Palatin et le grand Cirque, ce
qui peut encore se combiner avec ce qu'en dit Vitruve;
car, de la roche Sacrée, où était le bois et l'asyle, il n'y
a qu'une petite distance au Cirque et au Palatin. Lorsque
l'état de ruine où se trouvait cette cabane demandait des
réparations, on avait soin de les faire de manière à ce
que les travaux ne parussent point récents, afin de conserver à la maison du fondateur de Rome un air d'antiquité qui la rendît plus respectable (*Ibid*).

« semble, un véritable palais. Pour achever
« de vous en dégoûter, je vous conduirai de-
« main chez Scaurus, l'un de nos patriciens
« le plus somptueusement logés (1). Je suis
« certain que les palais de Rome vous donne-
« ront de l'éloignement pour les demeures
« des Germains. Puissent aussi bien les amis
« que vous vous êtes faits en ce pays l'empor-
« ter sur ceux que vous avez laissés dans le
« vôtre ! nous serions certains de ne plus per-
« dre l'aimable et brave Mérovir. »

Tel fut le discours de Chrysippe ; et nous
acceptâmes son offre pour le lendemain.

---

(1) Marcus Scaurus, fils d'un personnage de ce nom,
d'une immense richesse, qui fut fameux par sa passion
pour le luxe des bâtiments. Son palais était orné d'une
grande quantité de colonnes précieuses (PLIN., l. XXXIV,
cap. 7, et lib. XXXVI, cap. 1). Personne, dit Pline
(lib. XXXVI, cap. 15), ne saurait espérer d'être comparé
à lui pour la démence de la profusion, tant il avait rassemblé de richesses dans sa *villa* de Tusculum. Aussi
Trimalcion, dans Pétrone, voulant donner une idée de la
beauté de sa maison, fait allusion à ce nom, et dit :
« Quand Scaurus vient ici, il ne veut point habiter autre
« part. » (*Satyric.*, cap. 17.)

CHAPITRE II.

RUES, LOIS DES BATIMENTS, LOYERS, MACHINES, OUVRIERS.

Nous sortîmes avant le jour (1), et nous nous acheminâmes par des rues étroites (2) vers le mont Cœlius, où est située l'habitation de Scaurus (3). Au détour d'une des

(1) C'était l'usage à Rome de commencer les visites dès l'aurore (Horat., *Epist.* 1, lib. II ; *Satyr.* 1, lib. I ; Juven. *Satyr.*, 5, v. 23 ; *Satyr.* 3, v. 128 ; Mart., lib. XII, *Epigr.* 26). Cicéron, lorsqu'il postulait les magistratures, se promenait avant le jour dans sa maison, *ante lucem inambulabam domi*, afin de recevoir ceux qui venaient le saluer (Cic., *ad Attic.*, lib. VI, *epist.* 2). Pline le naturaliste se rendait avant le jour chez l'empereur Vespasien (Plin. Jun. lib. III, *epist.* 5).

(2) Avant Néron, les rues de Rome étaient généralement étroites et tortueuses, et on regardait les rues larges comme moins salubres (Tacit., *Ann.*, lib. XV, 43).

(3) Plin., *Nat. hist.*, lib. XXXVI, cap. 2. Pyrrhus Li-

principales rues, nous fûmes un moment arrêtés par un long attelage d'une centaine de bœufs qui embarrassaient la voie ; ils trai-

---

gorius, dans le cinquième volume de son ouvrage manuscrit, conservé à la Bibliothèque impériale de Paris, dit : « Nous avons observé les fouilles faites dans « les fondations de la maison de Scaurus, laquelle était « autrefois située sur le mont Palatin, dans le *Clivus* « *Scauri*, du côté de la *Suburra*, où fut jadis la vieille « église de Saint-André et le couvent de Saint-Gré- « goire, etc., etc. » Mais le *Clivus Scauri*, qui est le chemin en pente séparant le monastère de Saint-Jean-et-Paul de celui de Saint-Grégoire, ainsi que ce dernier monastère et la vieille *église de Saint-André*, sont situés sur le mont Cœlius (Voyez *Guattani*, *Rom. ant.*, cap. 6 ; *Nardini*, lib. III, cap. 7). Il y a contradiction manifeste dans ce qu'avance Pyrrhus Ligorius. Les auteurs anciens ne sont pas plus d'accord à cet égard que les modernes. Si Pline place la maison de Scaurus sur le momt Cœlius, Asconius, commentateur de Cicéron, qui vivait du temps de Claude, dit positivement qu'elle existait sur le Palatin. ...« *Hanc Domum in ea parte Palatii esse quæ cum ab sacra via descenderis, et per proximum vicum, qui est ab sinistra parte, prodieris posita est*, etc. » Dans ce conflit d'opinions différentes, je conserve la tradition reçue, d'autant plus qu'elle n'influe en rien sur les dispositions intérieures que je vais décrire. Nous placerons donc le palais de Scaurus, d'après le sentiment général, sur une partie du terrain qu'occupent aujourd'hui les jardins de la *villa* Mathei et le monastère de Saint-Grégoire.

2.

naient une énorme colonne d'un marbre
étranger et précieux (1). « Vous voyez , nous
« dit Chrysippe, une colonne destinée à la
« maison que Publius Clodius vient d'acheter
« près de 15,000,000 de sesterces (2). Ce
« goût pour les marbres étrangers est de-
« venu chez les Romains une espèce de dé-
« lire (3). Ils portent le fer dans les monta-
« gnes pour en tirer une infinité de marbres
« divers; ils construisent des vaisseaux desti-
« nés seulement à recevoir ces blocs immen-
« ses; la nature courroucée ne leur oppose
« point de périls capables de modérer la fu-
« reur de leur passion , et ils transportent in-
« trépidement les sommets des montagnes
« sur les vagues agitées par les tempêtes (4).
« En parcourant l'habitation de Scaurus, vous
« aurez plus d'une fois lieu de remarquer

---

(1) TIBUL., lib. II, *Eleg.* 6, v. 26.

(2) 14,800,000 sest., environ 2,906,000 fr. de notre
monnaie (PLIN., *Nat. hist.*, lib. XXXVI, cap. 15).

(3) *Ibid.*, cap. 1.

(4) PLIN., *Nat. hist.*, lib. XXXVI, cap. 1.

« jusqu'où le luxe des marbres est porté dans
« ces palais républicains (1). Cette corruption
« de l'ancienne discipline précipite l'État vers
« quelque grande catastrophe. La république
« est travaillée par deux vices opposés, l'ex-
« cès de la cupidité et le délire de la profu-
« sion (2). L'adversité et les périls élevèrent
« Rome au plus haut point de gloire et de
puissance ; aujourd'hui ses richesses l'acca-
blent et l'entraînent vers sa perte (3). »

Nous passâmes, en discourant ainsi, auprès
d'un bâtiment que l'on construit derrière le
temple de Romulus, non loin du Forum romain ; une immense quantité de pierres, de
marbres et de bois de charpente encombrait
tous les lieux voisins. « Quel est cet édifice ? »
demandai-je à notre ami ; « C'est, répondit-il
« en riant, un quiproquo du vieux Stabe-
« rius, qui, oubliant son âge, se fait faire un

---

(1) PLIN., cap. 15; SENEC., *Epist.* XC.

(2) SALLUST., *Catilin.*, VI; TIT.-LIV., lib. XXXIV, 3.

(3) SALLUST., *Catilin.*, X.

« palais lorsqu'il n'a besoin que d'un tom-
« beau (1); au surplus, il ne lui coûte guère :
« comme il est sans enfants et fort riche,
« ses clients, dans l'espoir d'avoir part à sa
« succession, se sont empressés de lui fournir
« tout ce qui peut contribuer à l'embellisse-
« ment de cette vaste demeure. Les uns ont
« payé des ouvriers habiles dans l'art de la
« construction, ou fait venir les marbres les
« plus rares; d'autres lui ont donné des sta-
« tues, des tableaux, des vases, des lingots
« d'argent, en un mot l'élite des dépouilles
« de la Grèce (2). Vous voyez que Staberius
« sera logé magnifiquement sans qu'il lui en
« coûte beaucoup : l'avidité de ses amis aura
« fait tous les frais. »

En considérant les constructions de cet édifice, aussi attentivement que la faible lueur du
crépuscule pouvait me le permettre, je fus surpris de la hauteur des murailles, de la manière

---

(1) HORAT., *Od.* 15, lib. II.

(2) JUVEN., *Satyr.* 8, v. 215.

PLAN D'ÉDIFICE

adroite dont la pierre et la brique étaient mé-
langées, et de la quantité de machines dont on
se servait pour élever ou mouvoir les matériaux. Je demandai à Chrysippe quelques détails à ce sujet : « Il fut un temps, me dit-il, où
« cette reine des cités n'était pas mieux bâtie
« que vos villes de la Germanie ; ses citoyens,
« agriculteurs et soldats, reposaient avec leur
« famille sous des cabanes de bois et de ro-
« seaux (1). Ce ne fut qu'après la guerre de
« Pyrrhus, vers l'an 470 de la fondation de
« Rome, que l'on commença à se servir ici
« de tuiles pour couvrir les maisons. Jusque-
« là on n'avait fait usage que de *bardeaux* (2)
« ou de chaume, comme à cette petite mai-
« son que vous apercevez à l'extrémité de

---

(1) DIONYS. HALICARN., lib. I.

(2) PLIN., *Natur. hist.*, lib. XVI, cap. 10. Les bardeaux
sont de petits ais ayant la forme d'une ardoise, et qui
servent au même usage ; les plus estimés chez les anciens
étaient ceux qu'on faisait avec l'espèce de chêne appelé
robur, puis ceux de hêtre. Les bardeaux d'arbres résineux, quoique plus aisés à tailler, étaient peu recher-
chés, excepté cependant ceux de pin (*Ibid.*).

« la roche Sacrée, vers le Valabre (1), mais que
« l'obscurité qui règne encore vous empêche
« de bien distinguer. Les habitations n'avaient
« alors qu'un seul étage; car les règlements
« des édiles (2) défendent de donner dans les
« édifices privés plus d'un pied et demi (3)
« d'épaisseur aux murs; et les murs mitoyens
« particulièrement sont assujettis à cette rè-
« gle (4). Or, on ne pouvait guère élever plu-
« sieurs étages sur des substructions aussi
« faibles (5). Depuis l'on a imaginé de renfor-
« cer les murs de briques par des chaines de
« pierre, et même d'en construire entière-
« ment de pierre; par ce moyen on est par-
« venu à donner aux habitations une plus

---

(1) C'était la maison de Romulus (Vitruv., lib. II,
cap. 1; Dionys. Halicarn., lib. I).

(2) Plin., *Nat. hist.*, lib. XXXIV, cap. 15; Vitruv.,
lib. II, cap. 8.

(3) 1 pied 4 pouces 3 lignes 6/15, mesure de Paris.

(4) Plin., *ibid.*

(5) Vitruv., lib. II, cap. 8.

« grande élévation (1); on a même été en
« cela jusqu'à l'abus; mais de sages ordon-
« nances ont fixé la hauteur ordinaire des
« maisons de soixante (2) à soixante-dix
« pieds (3). Cette précaution prévient beau-
« coup de malheurs, car dans les incendies
« on ne peut porter facilement des secours
« aux étages trop élevés; les tremblements
« de terre renversent les hauts édifices dont
« les murs sont trop faibles; enfin les inon-
« dations, qui causent tant de dommages à
« Rome (4), minent les fondations et entraî-
« nent la ruine des maisons (5) surchargées
« d'étages (6). C'est peut-être ce qui contribue
« à faire abandonner les *cœnacula* (7), ou éta-

---

(1) VITRUV., lib. II, cap. 8.

(2) AUREL. VICT., *Epitom.*

(3) STRAB., lib. V.

(4) TACIT., *Annal.*, lib. I, 76.

(5) TACIT., *Hist.*, lib. I, 86.

(6) Juvénal parle de la chute fréquente des maisons. *Satyr.* 3, v. 7 et 8.

(7) VARRO, *de Ling. lat.*, lib. IV.

« ges supérieurs, par les gens aisés ; il n'y a
« que des personnes d'une fortune médiocre,
« des étrangers, des affranchis qui les habi-
« tent ; aussi se louent-ils à bon marché : un
« logement complet et commode sous le *so-*
« *larium*(1) ne coûte guère que 2,000 sester-
« ces par an (2), tandis qu'on ne peut louer
« une maison agréable à moins de 30,000
« sesterces (3). Les incendies, dont je vous
« ai parlé tout à l'heure, sont un des plus
« grands fléaux de Rome ; ils ne punissent
« que trop souvent l'orgueil et le luxe (4) de
« ces républicains dégénérés, qui, au lieu de
« construire comme leurs ancêtres, selon
« l'utilité, ne cherchent qu'à satisfaire une
« passion effrénée et des caprices extrava-
« gants (5). Les personnes riches qui élèvent

---

(1) C'était la terrasse qui terminait la maison (Isidor., *Origin.*, lib. XV, cap. 3 ; Pollux, *Onomast.*, cap. 8, 5).

(2) Plut., *Vie de Sylla.* Environ 400 fr.

(3) Cicer., *Orat.* XXXV, *pro Cælio.* Environ 6,000 fr.

(4) Plin., lib. XXXVI, cap. 15.

(5) Varro, *de Re rust.*, lib. I, cap. 13.

« aujourd'hui des habitations, prennent des
« précautions contre les ravages du feu ; elles
« isolent leurs maisons, et proscrivent autant
« que possible l'usage du bois. Il serait à dé-
« sirer que cette manière de bâtir fût généra-
« lement adoptée (1), et qu'on rendît quel-
« que ordonnance à cet égard. En attendant,
« Rutilius vient de publier un traité fort
« bien fait sur la manière de bâtir (2); et ce
« que nos architectes peuvent faire de mieux,
« c'est de se conformer à ses sages instruc-
« tions, ainsi qu'à l'observation des édits pu-
« bliés par les édiles, qui contiennent d'excel-
« lents règlements sur les localités, la cons-
« truction des murs, l'écoulement des eaux,
« les briques, la chaux (3) et autres matériaux.
« Mais je vois que vous êtes un peu distrait
« des détails que je vous donne, continua

---

(1) C'est ce qui arriva sous Néron (Tacit., *Annal.*, lib. XV, 53 ; Sueton., *in Ner.*).

(2) Sueton., *in Aug.*, 89.

(3) Vitruv., lib. II, cap. 8 ; Plin., lib. XXXIV, cap. 15, et lib. XXXVI, cap. 23.

« Chrysippe, par ces machines qui doivent
« être en effet nouvelles pour vous. Celle qui
« est la plus voisine d'ici sert au transport
« des gros blocs de pierre et des colonnes :
« ce sont deux roues de douze à quinze
« pieds de diamètre que l'on fixe, comme
« vous le voyez, aux extrémités du bloc,
« qui dès lors sert d'essieu et avance ainsi en
« tournant sur lui-même. Cette invention,
« due à Ctésiphonte, architecte du temple
« d'Éphèse, et à son fils Métagène (1), me
« rappelle une aventure récente arrivée à un
« de mes confrères, nommé Paconius, esprit
« ardent, toujours avide d'entreprises, et qui
« se charge de toutes espèces de travaux pu-
« blics (2) : cet homme excessivement vain
« s'étant engagé à restaurer, pour une cer-
« taine somme, le piédestal du colosse d'Apol-
« lon, prétendit surpasser Métagène, et il
« ajouta quelque chose de peu d'importance
« à sa machine ; mais cela fut si mal com-

---

(1) VITRUV., lib. X, cap. 6.
(2) JUVEN., *Satyr.* 3, v. 32.

« biné, qu'il dépensa en essais inutiles l'ar-
« gent qu'il avait reçu pour l'ouvrage (1). Il
« ne put l'achever, et allait être mis en pri-
« son, si Cluatius et moi, qui faisons les
« affaires de Cicéron (2), nous n'eussions
« tout arrangé à l'amiable par le crédit de
« notre patron. Au surplus, de semblables
« bévues ne sont pas rares à Rome; car l'ar-
« chitecture y est pratiquée par une foule de
« gens sans études, sans expérience, que
« l'amour du gain engage à professer un art
« auquel ils n'ont point été initiés. Aussi je
« vous avoue que je n'ose blâmer les pères
« de famille qui, dans la crainte d'être ruinés
« par l'impéritie ou la mauvaise foi d'un ar-
« chitecte ignorant, ne se fient qu'à eux-
« mêmes du soin de conduire les travaux
« qu'ils veulent faire exécuter (3). Ces écha-
« fauds qui vous étonnent, et qui semblent

---

(1) Vitruv., lib. X, cap. 6.

(2) Voyez la note 1, page 15.

(3) Vitruv., lib. VI, *Præfat.*

« suspendus en l'air par un pouvoir surnatu-
« rel, sont le fruit de l'audace plutôt que de
« l'art (1), quoique les Romains aient fait en
« ce genre les plus savants ouvrages (2). Les
« autres machines que vous voyez dans la
« partie supérieure de l'édifice, sont desti-
« nées à élever les matériaux (3); elles pren-
« nent différents noms : selon le nombre de
« poulies ou de moufles qu'elles emploient,
« elles sont dites *trispasti*, *pentaspasti*, *po-*
« *lypsastoi*, etc. (4); la corde qui passe
« dans les moufles (5) est fixée par une ex-
« trémité à une espèce de grands ciseaux (6)

---

(1) VITRUV., lib. X, cap. 1.

(2) Voyez la description du théâtre mobile de C. Cu-
rion (PLIN., lib. XXXVI, cap. 15).

(3) On les appelait *machinæ tractoriæ* (VITRUV.,
lib. X, cap. 2).

(4) D'après la description de Vitruve, on voit que
ces machines étaient des chèvres semblables à celles dont
on se sert encore aujourd'hui.

(5) Assemblage de poulies, appelé par Vitruve *tro-*
chlea (VITRUV. lib. X).

(6) *Forfices ferrei* (*Ibid.*).

« qui saisissent les pierres comme vous sai-
« sissez un charbon avec des pinces, et les
« enlèvent ensuite lorsque l'on vient à tirer
« la corde au moyen d'une roue et d'un ca-
« bestan (1). Je ne vous ferai point l'énumé-
« ration de toutes les pièces qui composent
« ces machines (2), cela serait trop fasti-
« dieux pour vous ; d'ailleurs, le temps nous
« presse ; voici déjà les ouvriers qui arrivent
« de toutes parts ; marchons : la maison de
« Scaurus est à quelque distance, et nous
« aurons le temps de causer encore un mo-
« ment pendant le chemin.

« Ces hommes, poursuivit Chrysippe, que
« vous voyez passer avec tous les instru-
« ments de leurs métiers (3), sont assujettis

---

(1) *Tympanum et ergata.* (VITRUV., lib. X, cap. 2.)

(2) Voici les principales, selon Vitruve : *Tria, Tigna, Trochleæ cum duplicibus aut ternis ordinibus orbiculo- rum, superiores et inferiores; funis ductarius; chelonia, su- cula, vectes, tympanum, ergata*, etc., etc. (lib. X, cap. 2).

(3) Voyez, pour ces instruments, POLLUX, *Onomast.*, lib. VII, cap. 25, 26.

« à une police particulière et forment un
« collége (1) ou corporation, car les Romains
« ont une grande supériorité sur les autres
« peuples pour l'ordre et la dignité de leurs
« institutions publiques et privées (2). Remar-
« quez ce gros homme, qui tient un cep de
« vigne comme un centurion (3); c'est Oné-
« simus, l'entrepreneur (4) : il conduit les
« *structores* et les *cœmentarii* (5). Ces espèces
« de Cyclopes qui marchent vers nous, ar-
« més de lourds marteaux, sont les ouvriers
« en fer, les *ferrarii* : croiriez-vous que la va-
« nité puisse habiter sous leurs haillons fu-
« ligineux? Comme l'orgueil trouve encore

---

(1) Le troisième collége institué par Numa (PLUT., *Vie de Numa*), était consacré aux ouvriers; tant ceux qui travaillaient l'airain, que ceux des autres professions dépendantes de l'architecture : il s'appelait *Collegium fabrorum* (PLIN. lib. XXXIV, cap. 1).

(2) CICER., *Tuscul.*, I, 5.

(3) PLIN., lib. XIV, cap. 1.

(4) *Ædificator* ou *magister structor*.

(5) Maçons.

« à vivre chez la misère, ils prétendent tenir
« un des premiers rangs dans le collége, parce
« que cette corporation fut anciennement
« fondée par Numa pour les ouvriers en mé-
« taux (1). Mais, prenez garde; on répare ici
« un toit, et les *tectores* font tomber les tuiles
« à foison (2). Bon ! voici qui va vous donner
« une idée des embarras des rues de Rome,
« où une foule innombrable se heurte à chaque
« instant (3); car c'est peu que nous ayons
« échappé à cette pluie meurtrière, nous voilà,
« comme Ulysse, entre Carybde et Scylla :
« d'un côté cet entrepreneur de carrières
« obstrue la voie avec ses mules et ses ma-
« nœuvres (4); de l'autre ces vigoureux *den-*
« *drophores* (5) nous menacent d'un longue

---

(1) Plin., lib. XXXIV, cap. i.

(2) Juven., *Satyr.*, 3, v. 271.

(3) Senec., *de Clement.*, lib. I, cap. V.

(4) Horat., *Epist.* i, lib. II.

(5) Ils coupaient les arbres dans les foréts, les faisaient transporter à Rome, et les vendaient aux ouvriers
en bois.

« pièce de bois (1) qu'ils apportent aux char-
« pentiers (2); derrière nous on élève, à
« l'aide d'une machine, un énorme bloc de
« pierre (3) : enfin ces *marmorarii* (4), près
« desquels nous sommes forcés de nous ar-
« rêter, nous déchirent le tympan du son
« aigu de la scie avec laquelle ils débitent
« des roches précieuses, destinées à former
« le pavé de quelque salon somptueux (5).
« Quel bruit! quels cris!... les dieux soient
« loués! nous voici hors de ce périlleux em-
« barras.

« La construction de cet édifice est dirigée
« par un de mes compatriotes; car presque
« tous les artistes qui jouissent ici de quelque
« réputation, principalement les architectes,

---

(1) Juven., *Sat.* 3, v. 247, 256.

(2) Les *tignarii.*

(3) Horat., *Epist.* 1, lib. II.

(4) Voyez, pour toutes les dénominations d'ouvriers
cités dans ce passage. Grut., *Inscript. antiq.*, *pars* 1, t. II,
p. 1117, et *pars* 2, t. I, p. 740, 742, 744, 746; et
Sigon., *de Antiq. jur. civ. Rom.*

(5) Plin., lib. XXXV, cap. 1.

« sont venus de la Grèce (1); et nous avons
« cette obligation aux beaux-arts, qui font
« depuis si longtemps notre gloire, c'est
« qu'ils nous ont vengés de la servitude en
« subjuguant nos vainqueurs (2). Les Ro-
« mains en abandonnent l'exercice à des es-
« claves ou à des affranchis (3); aussi comp-
« tent-ils peu d'hommes d'un grand talent,
« surtout parmi les personnes qui se livrent
« à l'architecture; car cet art exige un esprit
« cultivé (4). Son étude devrait être le par-
« tage exclusif de ceux qui ont du génie et
« la connaissance des belles-lettres (5). Mais
« ce qui est plus indispensable encore pour y
« réussir, et ce qu'on trouve difficilement à
« Rome, c'est un habile maître. L'architec-
« ture n'a point, comme la peinture, l'imita-
« tion de la nature pour but; les éléments

---

(1) *Trajan, ad* PLIN. JUN., lib. IX, *epist.* 69.

(2) HORAT., *Epist.* 1, lib. II, v. 156.

(3) PLIN., lib. XXXV, cap. 4.

(4) XENOPH., *Memorab. Socrat. Dict.*, lib. IV, 5.

(5) *Cod. Theodos.*, XIII, 4.

« avec lesquels elle opère, n'ont que des for-
« mes de convention; ses règles, nées du rai-
« sonnement et de l'expérience, ne se devi-
« nent point; elles se transmettent par la
« tradition et les exemples; enfin, ce n'est
« qu'à force de combinaisons et d'essais
« qu'elle peut donner aux inspirations du gé-
« nie le caractère du vrai beau. Celui qui
« veut étudier l'architecture a donc besoin
« d'un guide éclairé, capable de le conduire
« avec méthode dans ce labyrinthe de théo-
« ries vagues, et de modèles souvent dange-
« reux. Grâce au ciel, j'ai étudié sous Hermo-
« dore, le plus habile homme du siècle; et si
« jamais quelques succès couronnent mes ef-
« forts, c'est à ses soins, à ses conseils, à
« son exemple, que j'en serai redevable :
« aussi ma reconnaissance le place-t-elle
« dans mon affection au même rang que les
« auteurs de mes jours. Malheureusement
« tous nos confrères ne lui ressemblent pas;
« beaucoup d'entre eux, excités par la cupi-
« dité, sont trop·occupés de petites intri-
« gues; ils abandonnent le soin de leur ré-

« putation pour courir après la fortune (1).
« Hermodore, au contraire, rappelle ces ar-
« tistes des anciens temps qu'on ne saurait
« trop proposer pour modèle à la jeunesse.
« Modeste, probe, désintéressé, passionné
« pour son art, il vit dans la retraite au
« sein de l'étude, entouré d'une génération
« de jeunes talents pleins d'admiration, de
« respect et de tendresse pour leur maître.
« Théagène, son ami, partage tous ses tra-
« vaux; c'est à leurs soins réunis qu'Athènes
« doit les nouveaux monuments qui l'embel-
« lissent chaque jour; et je ne sais ce qui les
« honore davantage, de leur rare mérite ou
« de cette amitié fraternelle que ni l'intérêt
« ni l'amour-propre n'ont pu altérer un in-
« stant dans le cours de toute leur vie. Voilà
« les exemples que doivent suivre ceux qui
« se livrent aux arts : les talents ne sauraient
« procurer une vraie gloire, s'ils ne sont ac-
« compagnés de sentiments nobles et géné-
« reux.

---

(1) Vitruv., lib. VI, *Præfat.*

« Mais quittons la voie Sacrée ; tournons
« ici à droite : cette rue , entre le Palatin et le
« mont Cœlius , nous conduit directement
« chez Scaurus... Voici le *clivus*, ou chemin
« en pente, qui mène à son palais (1) ; et
« déjà vous apercevez les dehors de cette
« maison pleine de magnificence , dont les
« embellissements sont la première cause de
« ma réputation et de ma fortune. »

---

(1) CLIVUS SCAURI. Voyez NOLLI, *Pianta Ant. di
Roma;* GUATTANI, *Rom. ant.*, tom. II, cap. 6; NARDINI.
lib. III, cap. 6.

CHAPITRE III.

AREA ET VESTIBULE.

Le palais de Scaurus (1) est isolé de toutes parts (2), et forme ce que les Romains appellent une île (3). Il est entouré de rues

---

(1) La famille Æmilia Scaura avait un grand nombre de possessions (PIRRO LIGORIO, *Dizion. di Antich.*, tom. XVI, lettre *S*, manuscrit de la bibliothèque du Roi). Il y avait à Pompéi une famille de ce nom, qui était une des premières de la ville, si l'on en juge par les honneurs extraordinaires qui furent rendus à l'un de ses membres (*Ruines de Pompéi*, t. I, pl. XXXIII, p. 46).

(2) Néron ordonna par la suite que les maisons fussent ainsi disposées (SUET., *in Ner.;* TACIT., *Ann.* lib. XV, 53). Voyez aussi le plan antique de Rome, BELLOR., *Frag. veter. Rom.*

(3) VITRUV., lib. I, cap. 6; FEST., lib. IX; SENEC., *de Ira*, lib. III, cap. 35; *Insulæ*, c'était plusieurs maisons réunies, appartenant à un même propriétaire. Comme ce corps de bâtiments était entouré de rues de

ornées en quelques endroits de portiques (1),
sous lesquels on a ménagé des boutiques
dont Scaurus tire un très-grand revenu (2),
ainsi que des habitations particulières qui
compose son île (3). Au-devant de la façade est une *area* (4), espèce de petite place

---

tous côtés, il avait l'apparence d'une île, et en prenait
le nom. Cicéron, voulant parler du loyer qu'il retirait
de ses maisons, dit : *Merces insularum* (Cicer., *ad
Attic.*, lib. XV, *Epist.* 17). D'après le dénombrement des
édifices de Rome que nous a laissé Publius Victor, il
y avait à Rome quarante-quatre mille neuf cent vingt
îlots de maisons, et mille neuf cent seize palais. Les propriétaires avaient des esclaves ou des affranchis nommés
insularii, dont les fonctions étaient de veiller à la police
de leurs îles et d'en percevoir les loyers (Pignor., *de
Serv.*, 244).

(1) Cela fut ordonné depuis par Néron (Tacit. *Annal*.
lib. XV, 53; Suet., *in Ner*).

(2) Le loyer des boutiques était à Rome un des principaux revenus des propriétaires. Cicéron ne dédaignait
pas de s'occuper de l'entretien des siennes (Cicer. *ad
Attic.*, lib. XIV, *Epist.* 9).

(3) On voit, sur le plan en marbre conservé au Capitole, des habitations et des boutiques ainsi groupées autour des grands édifices. Le mot ile, *isola*, s'est conservé
à Rome dans cette acception.

(4) Varr., *de Ling. lat.* VI.

d'un aspect agréable. Elle est plantée d'arbres (1) et décorée de quadriges (2) en bronze, de statues équestres (3), et d'un colosse d'Apollon, qui a donné son nom à ce lieu (4). De trois côtés, cette place est ceinte de portiques spacieux (5), au moyen desquels on arrive à couvert jusqu'à la porte du logis, qui n'a rien de remarquable que deux pilastres surmontés de chapiteaux et d'un entablement assez riche (6), au-dessous duquel pendent des sonnettes (7). A droite et à gauche de cette porte (8), on trouve des salles dis-

---

(1) Aul. Gell., *Noct. attic.*, lib. XVI, cap. 5.

(2) Chars attelés de quatre chevaux.

(3) Juven., *Satyr.* 7, v. 127.

(4) Voyez l'*Area Apollinis;* Bellor., *Frag. veter. Rom.*, tab. XVI.

(5) Voyez une *area* semblable, donnée comme étant le Forum de Gabie, *Museo della villa Borghese*, par Visconti et Piroli.

(6) *Ruines de Pompéi*, tom. II, pl. 1.

(7) Suet., *Aug.* 91 ; Senec., *de Ira,* cap. 3.

(8) Aul. Gell., *Noct. attic.*, lib. XVI, cap. 5.

posées pour y attendre l'heure de la réception : cet ensemble forme ce que l'on appelle
à Rome le vestibule (1).

L'aurore brillait à peine (2), et déjà de
nombreux affranchis, des clients empressés,
des solliciteurs (3), accourus de toutes les
parties de l'empire, remplissaient les pièces
d'attente, les portiques et les allées de l'*area*.
Les uns causaient entre eux assis dans les
salles du vestibule, ou se promenaient. sous
les planes ; les autres entraient dans les boutiques de pâtissiers (4) qui commençaient à
s'ouvrir, ou s'arrêtaient devant les *Thermo-
poles* (5), pour y prendre. quelque boisson
chaude et restaurante, afin de se prémunir
contre la fraîcheur du matin. C'est un spec-

---

(1) AUL. GELL., *Noct. attic.* lib. XVI, cap. 3.

(2) Voyez la note 1, page 18.

(3) SENEC., *de Ira*, lib. II, cap. 6.

(4) MART., lib. XIV, *Epigr.* 221.

(5) Lieu où l'on vendait les boissons chaudes : ils
étaient ce que sont nos cafés (PLAUT., *Eun.*, act. 2, sc. 3,
v. 13).

tacle dont il serait difficile de te donner une idée, mon cher Ségimer; figure-toi le nombre de personnes répandues dans ce vestibule, la diversité des costumes, la variété des physionomies, l'ensemble des bâtiments, d'un goût agréable et noble, enfin cette forêt de colonnes de marbre qui forment les portiques : Chrysippe jouissait de notre étonnement; « Que pensez-vous, me dit-il, des « abords de ce palais? quelle profusion de « colonnes! car je vois que c'est cela qui « vous frappe le plus; c'est aujourd'hui le « luxe dominant; et même il est question « entre les censeurs de porter une loi somp- « tuaire pour réprimer, par une forte taxe (1), « cette passion qui ruine les particuliers; ces « colonnes-ci sont de peu de valeur; vous « en verrez bientôt qui vous les feront ou- « blier. Le père de Scaurus fut un de ceux « qui contribuèrent le plus à répandre ce « genre de magnificence; pendant son édilité

(1) CÆSAR., *de Bell. civ.*, lib. III; CICER., *ad Attic.*, lib. XIII, *Epist.* 6.

« il construisit un théâtre momentané qui
« contenait quatre-vingt mille personnes (1),
« où il plaça trois cent soixante colonnes de
« marbre, de verre, et de bois doré, et trois
« mille statues (2). Ce fut lui qui commença
« à bâtir ce palais tellement embelli par son
« fils, qu'aujourd'hui c'est une des merveilles
« de Rome. Cependant, que tant de magnifi-
« cence ne vous fasse point regarder Scaurus
« comme un homme favorisé des dieux : ils
« lui ont prodigué des richesses immenses, il
« est vrai; mais ils lui ont refusé le premier
« des biens de l'homme, une âme forte et
« un esprit éclairé. Approchez; voyez ce clou
« arraché d'un sépulcre, et planté sur le lin-
« teau de la porte principale, afin d'éloigner
« de cette habitation les visions et les frayeurs
« nocturnes (3). Voyez ces formules magi-
« ques tracées en caractères rouges sur les

---

(1) Il était double de celui de Pompée, qui ne contenait que 40,000 personnes (PLIN., lib. XXXVI, cap. 15).

(2) *Ibid.*

(3) PLIN., lib. XXVIII, cap. 15.

« murs, pour préserver cet édifice des incen-
« dies (1). Toutes ces superstitions populaires
« annoncent que Scaurus n'est distingué du
« vulgaire que par sa seule opulence, et
« qu'il n'a ni une véritable connaissance de
« la nature des choses, ni une juste idée de
« la puissance et de la bonté des immortels.
« Je ne parle point de ces lampes (2) et de
« ces branches de lauriers, ornées de bande-
« lettes, que vous voyez suspendues à l'entrée
« du palais (3) : quand bien même Scaurus
« regarderait comme un excès de crédulité le
« culte que l'on rend à Rome aux quatre di-
« vinités custodes qui président aux por-
« tes (4), ce n'en serait pas moins un devoir

---

(1) PLIN., lib. XXVIII, cap. 2.

(2) PERS. *Satyr.*, V, v. 180 ; JUVEN., *Satyr.* XII, v. 91.

(3) TERTUL., *de Idololat.*, cap. 25.

(4) Ces divinités étaient : *Janus,* qui présidait à toute l'entrée; *Ferculus,* qui avait sous sa protection les battants des portes; *Limentinus*, qui veillait au seuil et au linteau; *Cardea,* protectrice des gonds, des clefs, etc. (SANCT. AUGUST., *de Civit. Dei,* lib. IV, cap. 8; ARNOB., *Advers. gent.,* lib. IV ; TERTULL., *de Idololat.,* cap. 15, et *de Coron. milit.,* cap. 13).

« pour lui de se conformer en tout aux céré-
« monies usitées envers les dieux de sa pa-
« trie. Mais, élevé par des esclaves et des
« affranchis, il est livré à une infinité de su-
« perstitions étrangères : tout excite ses crain-
« tes, les dieux, la terre, la mer, le ciel, les
« ténèbres, le bruit, le silence, les son-
« ges (1). Il prétend que la prospérité de sa
« maison vient de ce qu'un habile magicien
« a enterré, du vivant de son père, une tête
« de dragon sous ce seuil de marbre (2), où
« l'on a tracé en mosaïque ce mot hospita-
« lier, SALVE (3). Le crédule Scaurus est telle-
« ment persuadé de ce fait, qu'il n'a jamais
« voulu permettre que je fisse quelques ré-
« parations urgentes aux fondations de cette
« porte, qui, comme vous le voyez, est lézar-
« dée en plusieurs endroits; mais, pour pré-
« venir les accidents qui pourraient en résulter,
« il a permis à un de ses esclaves thessaliens

---

(1) PLUT., *Traité de la superst.*, V.
(2) PLIN., lib. XXXIV, cap. 4.
(3) *Ruines de Pompéi*, t. I, p. 3.

« de clouer à la fenêtre voisine une chauve-
« souris vivante, la tête en bas, après l'avoir
« promenée trois fois au tour du palais (1)
« Aussi, malgré ses richesses, égales à celles
« des rois de l'Asie, il n'est pas plus estimé
« de ses contemporains qu'il ne sera connu
« de l'avenir. Ah! combien plus fortuné me
« semble l'homme qui s'est créé par ses tra-
« vaux une grande et solide réputation, et
« qui, sûr des suffrages de la postérité, goûte
« par avance toute la gloire qu'elle lui des-
« tine (2). » En discourant ainsi, nous ache-
vâmes le tour de l'*Area*. Chrysippe nous fit
remarquer un cadran solaire d'une forme
particulière; il était placé sur un piédestal
peu élevé, dont les quatre faces offraient un
calendrier complet avec les jours du mois,
les fêtes que l'on observe et les signes du zodiaque (3). Sur le socle du cadran on a in-

---

(1) PLIN., lib. XXIX, cap. 4.

(2) PLIN., JUN. lib. IX, *Epist.* 3.

(3) *Ruines de Pompéi*, tom. II, p. 29.

diqué la direction des huit vents (1) principaux, et même on les a figurés sous la forme
de jeunes enfants (2). Chrysippe allait nous
expliquer chacune de ces choses, qui, disait-
il, ont été inventées dans sa patrie (3), lorsqu'un murmure général nous annonça que
la porte du palais venait de s'ouvrir.

---

(1) Vitruve ne nomme que huit vents; et, après cette
énumération, il dit : « Ainsi je crois avoir indiqué suffi-
« samment le nombre, le nom et la direction des vents. »
(VITRUV., lib. I, cap. 6).

(2) *Mus. Vatic.*

(3) PLIN., lib. II, cap. 76, et lib. VII, cap. 60.

CHAPITRE IV.

PROTHYRUM.

Chrysippe nous introduisit dans le *prothyrum* (1). C'est un corridor assez large, où
se tiennent les *ostiarii* (2), esclaves préposés
à la garde des portes (3). Ceux de Scaurus
sont vêtus de vert clair et portent une cein-

(1) Vitruve, lib. VI, cap. 10, dit que les Romains
nommaient *prothyrum* ce que les Grecs appelaient *diathyra*; or, ce dernier mot signifie mot à mot *inter januas*,
entre les portes, et cette dénomination convient parfaitement à cette espèce de corridor qui existe, dans les
maisons de Pompéi, entre la porte du logis et celle de
l'atrium.

(2) PIGNOR., *de Serv.*, p. 214.

(3) VITRUV., lib. VI, cap. 10; PETRON., *Satyric.*, cap. 9.
Il paraît que ce n'était pas uniquement des esclaves mâles
qui servaient de portiers; car on voit dans l'Évangile
que chez Pilate la porte était gardée par une femme
(JOAN., cap. XVIII, 16, 17).

ture violette (1). Un d'eux tenait un dogue
énorme attaché à une chaine (2) : on me dit
que cet animal descendait de ces chiens généreux qui, après la défaite des Cimbres
par Marius, défendirent si courageusement
les chariots de leurs maitres contre les Romains (3). A côté de la *cella ostiarii* (4), ou
loge des portiers, on avait peint un autre
chien, de cette race féroce que vous obtenez
dans les Gaules par l'accouplement d'une
chienne et d'un loup (5). Il était tellement
bien imité que mes compagnons s'y trompè-
rent : au-dessus, on lisait en lettres cubitales :
cave canem, prenez garde au chien (6). Plus
loin, une cage merveilleusement travaillée,
suspendue au plafond, renfermait une pie qui

---

(1) Petron., *Satyric.*, cap. 9.

(2) Senec., *de Ira*, lib. III, cap. 37.

(3) Plin., lib. VIII, cap. 40.

(4) Petron., *Satyric.*, cap. 9.

(5) Plin., lib. VIH, cap. 40.

(6) Petron., *Satyric.*, cap. 9.

saluait tous ceux qui entraient (1). Je suis peu
surpris, dis-je à Chrysippe, des talents de
cet oiseau; mais ce que je ne puis comprendre, c'est qu'on enferme un animal aussi
commun dans une cage où brillent l'or, l'argent et l'ivoire (2). « Les pies, répondit-il,
« ne sont pas si communes que vous le
« croyez, dans cette partie de l'Italie; on
« n'en trouve point en deçà des Apennins (3).
« Aussi les considère-t-on comme des oiseaux
« rares. Un philosophe cynique, qui vient
« quelquefois ici, a nommé cette pie *scaura*;
« Scaurus, qui l'a su, lui demanda l'autre
« jour pendant le dîner, quelle raison lui
« avait fait donner un tel nom à son oiseau.
« C'est, lui répondit-il, avec la hardiesse de
« sa secte, parce qu'elle est ainsi que vous
« enfermée dans une cage d'or; encore cette

---

(1) PÉTRON., *Satyric.*, cap. 9; MART., lib. XIV, *Epigr.*,
74; PERS., *Prolog.*, v. 8, 9, 10.

(2) STAT. lib. II, *Silv.*, IV, v. 11.

(3) Pline (lib. X, cap. 29) dit que de son temps
c'était une chose nouvelle que l'apparition des pies de ce
côté des Apennins.

« pie méprise-t-elle tout ce vain éclat; elle
« soupire après sa liberté; laissez-lui dé-
« ployer librement ses ailes, elle vous don-
« nera une grande leçon de philosophie :
« vous la verrez s'élancer vers les déserts,
« et préférer l'exil des forêts, à l'or, à l'ar-
« gent, à l'ivoire dont elle est entourée. Mais
« vous, esclave volontaire du luxe, vous
« êtes amoureux de votre prison, et vous ne
« sauriez sacrifier à l'indépendance philoso-
« phique la moindre des brillantes superflui-
« tés qui embellissent ce palais. Scaurus, qui
« entend assez la plaisanterie, prit fort bien
« celle-ci, et ne s'en vengea qu'en faisant
« boire outre mesure le disciple de Diogène. »

Je distinguai dans le prothyrum quatre
portes principales, savoir : la porte de l'*area*,
par laquelle nous étions entrés, la porte de
l'*atrium* en face de celle-ci, et deux grandes
portes latérales qui conduisaient dans des
cours où étaient situées les écuries, les remises et autres dépendances (I). Telle est la

(1) On cherchait ordinairement pour les écuries l'exposition la plus chaude (VITRUV. lib. VI, cap. 9).

disposition de ce que les Romains appellent *prothyrum*. Chrysippe m'apprit que ce nom est une dénomination grecque, mal appliquée à cet endroit, parce que selon lui le *prothyrum* devait être, comme en Grèce, en avant de la porte (1). Cependant, me dit-il, lorsque je bâtis, je fais comme les autres, pour me conformer à l'usage de Rome.

Nous avançâmes à notre tour vers la porte de l'*atrium*, qu'une quantité de gens assiégeaient ; elle était de bronze ainsi que le seuil. « Autrefois, nous dit Chrysippe, les temples « seuls avaient des portes de métal ; et Ca- « mille fut mis en jugement par Spurius Car- « vilius, pour en avoir eu d'airain (2) ; au- « jourd'hui c'est un luxe commun. On a été

---

(1) Cette partie de l'habitation se nommait, chez les Grecs, θυρώρειον, *thyrorion*, ou διάθυρα, *diathyra*, parce qu'elle était comprise, comme je l'ai déjà dit, entre la porte du logis et la porte de l'atrium (VITRUV., lib. VI, cap. 10).

(2) PLIN., lib. XXXIV, cap. 3. Il reste à Rome deux beaux exemples antiques de portes semblables, celles du Panthéon, et de Saint-Côme et Saint-Damien.

« jusqu'à en faire de marbre pour les tom-
« beaux (1). » Je crois, lui dis-je, que nous
trouverons ici le nôtre, car la foule augmente, et nous serons étouffés avant d'avoir
pu pénétrer jusqu'à l'atrium. « Rassurez-vous,
« me répondit notre guide, il nous suffit de
« ne point chercher à passer les premiers ;
« laissons ces visiteurs empressés se coudoyer
« les uns les autres, mettons-nous à l'écart.
« Faisons place à celui-ci que l'avarice vient
« d'arracher brusquement de son lit, et qui
« accourt avec tant de hâte qu'il ne s'est pas
« donné le temps d'attacher les courroies de
« sa chaussure (2). Voyez cet autre qui arrive
« en bâillant, les yeux chargés de sommeil
« et rouges encore des orgies de la nuit ; au
« lieu d'aller goûter le repos dont il a be-
« soin, l'ambition l'entraîne dans l'atrium de
« Scaurus. Quelle vie ! se gorger à des tables
« chargées avec profusion de mets exquis,
« n'avoir pas une nuit à donner au sommeil,

_____

(1) *Ruines de Pompéi*, tom. I, pl. XIX.

(2) Juven., *Satyr.*, 5, v. 35.

« pas un jour à employer aux choses pro-
« pres à former un homme sage et ver-
« tueux (1). Remarquez-vous comment le
« regard dédaigneux et vénal des portiers
« choisit dans la foule des clients qui les ob-
« sèdent ceux qu'ils veulent laisser entrer
« les premiers (2)? Ah ! voici le poëte Aqui-
« nius (3), le fléau des oreilles délicates et
« des tables bien servies. Il a fait des vers
« contre Scaurus, qui ne veut plus le voir ;
« je ne crois pas qu'il entre ; en effet, le
« *janitor* (4) refuse de le laisser passer ; écou-
« tez, il va, j'en suis sûr, exhaler sa plainte
« en vers : *O Scaurus ! je suis venu cinq jours*
« *de suite pour me réjouir avec toi de ton*
« *heureux retour... Mais tu t'y refuses... Eh*
« *bien ! Scaurus, adieu* (5).

---

(1) Cicer., *Tuscul.*, V, 35.

(2) Senec., *de Constant. sapien.*, cap. 15.

(3) Cicer., *Tuscul.*, v. 35 ; Catul., *Eleg. ad Calv.*, v. 18.

(4) Espèce d'huissier qui se tenait à la porte, pour l'ouvrir et la fermer (Pignor., *de Serv.*, 218).

(5) Mart., lib. IX, *Epigr.* VIII.

Après avoir ainsi passé plusieurs autres personnages en revue, nous nous présentâmes à la porte de l'atrium; les esclaves baisèrent la main à Chrysippe dès qu'ils le reconnurent; c'est à Rome le salut de l'inférieur à ses supérieurs; puis l'introducteur (1) nous demanda nos noms, car il lui était défendu de laisser entrer ceux dont les noms portaient des présages sinistres (2). « De ces « deux étrangers, répondit Chrysippe en « riant, l'un s'appelle Chrysos et l'autre Argyrion (3), Scaurus est toujours joyeux « lorsque l'un et l'autre entre chez lui. Leurs « noms seuls lui sont doux et de bon au- « gure. » En disant cela nous avançâmes, en riant de la superstition du maître du logis et de l'épigramme de notre ami.

_____

(1) *Admissionalis.* C'était celui qui introduisait. Il y avait, dans les grandes maisons, le *magister admissionum*, le *proximus admissionum*, etc. (Pignor., *de Serv.*, 225).

(2) Cicer., *de Natur. deor.*, lib. II, 3, et *de Divin.*, lib. I, 46.

(3) Ces mots, dont l'un signifie en grec *or*, et l'autre *argent*, étaient aussi des noms propres.

CHAPITRE V.

ATRIUM.

Il me sera sans doute difficile, mon cher Ségimer, de te faire comprendre par une simple description une disposition aussi éloignée de nos coutumes et des distributions de nos habitations, que l'est celle de l'atrium des Romains. Je vais pourtant l'essayer : et si je ne réussis pas entièrement, du moins la nouveauté de ce tableau ne sera-t-elle pas sans quelque intérêt pour vous, aimables habitants des Gaules, à qui les mœurs romaines sont encore si peu connues.

L'atrium, ou avant-logis, est une espèce d'édifice (1) couvert d'un toit (2), placé en

---

(1) FEST., *de Verb. significat., apud Paul. Diac.*

(2) VARRO, *de Ling. lat.*, lib. IV.

avant de la partie habitée du palais (1), et ayant au milieu une cour couverte aussi (2), appelée *cavædium* (3), et entourée de colonnes d'une grande beauté. Les pièces nécessaires au service sont distribuées autour de cette cour (4) et décorées avec goût (5). Comme c'est l'endroit le plus fréquenté de la maison, l'on a eu soin d'y répandre toute la magnificence possible. Tu juges si Scaurus, le plus prodigue des Romains, a rien négligé de ce qui peut contribuer à rendre son atrium vraiment noble (6); les murs sont lambrissés en marbre jusqu'à hauteur d'appui, le reste est décoré de peintures (7) re-

---

(1) FEST., *de Verb. significat.*; et AUL. GELL., lib. IV, cap. 5.

(2) VARRO, *de Ling. lat.*, lib. IV.

(3) *Ibid.;* VITRUV., lib. VI, cap. 3; PLIN. JUN., lib. II, *Epist.* 17.

(4) VARRO, *de Ling. lat.*, lib. IV.

(5) Voyez plusieurs atrium toscans, tétrastyles corinthiens, et *displuviatum*, dans le tome II des *Ruines de Pompéi*.

(6) SENEC., *Epist.* XIV.

(7) PLIN. JUN., lib. V, *Epist.* 6.

présentant des arabesques capricieux, mais pleins de grâce. C'est une innovation toute récente (1); ils forment des compartiments dans lesquels divers artistes ont peint des tableaux parfaitement exécutés (2). Quoique le *cavœdium* soit couvert, il a cependant au milieu de son toit un espace ouvert appelé *compluvium* (3), qui sert à donner du jour à ce lieu, et par lequel les eaux pluviales tombent au centre de la cour, dans un bassin carré, nommé *impluvium* (4), d'où elles se rendent ensuite dans des citernes (5), faites avec un soin particulier (6). Comme ces eaux

---

(1) Vitruve (lib. V, cap. 7) dit que l'usage ne commença à en être général que sous Auguste; ainsi ce devait être une nouveauté dans le temps où Mérovir écrivait son journal.

(2) PETRON., *Satyric.*, cap. 9.

(3) VITRUV., lib. VI, cap. 4; VARRO, *de Ling. lat.*, lib. IV.

(4) *Ibid.*

(5) C'est ainsi dans les habitations de Pompéi.

(6) Après avoir entouré d'un bon mur l'espace destiné à servir de réservoir, on recouvrait les parois et le sol

de pluie sont moins salubres et moins agréables à boire que les autres (1), on ne s'en
sert que pour les besoins du service qui
tiennent à la propreté, et l'on use pour la
table et la cuisine d'eau de source. Cependant on nous a montré un puits d'eau vive
dont Scaurus fait grand cas; et l'on pense
généralement à Rome que cette sorte d'eau
acquiert en filtrant dans la terre une légèreté,
une limpidité particulière (2); beaucoup de
maisons ont au centre du *cavœdium* une fou-

---

de fragments de silex liés par un mortier fait de cinq
parties de sable graveleux et de deux parties de chaux;
puis ce revêtement ayant été bien battu, on passait un
dernier enduit du même mortier, parfaitement dressé
et lisse. Quand on voulait avoir une eau plus pure, on
faisait plusieurs citernes contiguës à différents niveaux,
de manière que l'eau s'épurait en passant de l'une dans
l'autre (PLIN., lib. XXXVI, cap. 23; VITRUV., lib. VIII,
cap. 7).

(1) « Cette eau est très-bonne; mais il faut la faire
bouillir, afin de la délivrer d'une certaine tendance à la
putréfaction; sinon elle prend une odeur désagréable,
et est nuisible à la voix. » (HIPPOCR., *des Airs, des Lieux
et des Eaux.*)

(2) PLIN., lib. XXXI, cap. 3.

taine jaillissante (1), qui reçoit l'eau des
aqueducs publics (2) au moyen de conduits
en plomb (3) ou en terre cuite (4). La partie
de l'atrium qui reste à ciel ouvert, c'est-à-
dire le *compluvium*, est dans ce palais couverte par une tente de toile de lin teinte en
pourpre (5) qui, doucement agitée au gré de
l'air, jette sur les colonnes, les statues et les
individus un reflet coloré et mobile d'autant
plus agréable, que le *cavœdium* ne reçoit
point d'autre jour (6). L'ombre pour ainsi
dire éternelle qu'elle répand en ce lieu y entretient une telle fraîcheur que la mousse et
le gazon y croissent naturellement dans les
endroits qui ne sont point foulés par les pas

---

(1) Narb., *Rom. ant.*, p. 95 ; *Ruines de Pompéi*, t. II,
pag. 35.

(2) Front., *de Aquæd. urb. Rom. Comment.* XXXII ;
Plin., lib. XXXVI, cap. 14.

(3) Horat., lib. I, *Epist.* 10.

(4) Vitruv., lib. VIII, cap. 7.

(5) Plin., lib. XIX, cap. 1.

(6) Lucret., IV, cap. 7.

de la multitude (1). Chrysippe, toujours empressé à nous expliquer tout ce qui semble
nous intéresser, prit la parole : « Les colon-
« nes du portique qui entoure le *cavædium*,
« nous dit-il, sont de marbre lucullien (2);
« elles ont trente-huit pieds de haut (3);
« aucune maison de Rome n'a de colonnes
« d'une telle hauteur (4). Lorsque je les fai-
« sais transporter ici, ce même philosophe
« dont je vous ai parlé plus haut au sujet
« de la pie de Scaurus, m'aborda au milieu
« du forum, et me dit à haute voix : Jusqu'à
« quand les lois se tairont-elles, en voyant
« ces marbres précieux passer dans une mai-
« son privée, à la face des dieux d'argile,
« dont les frontispices de nos temples sont
« ornés (5). Le peuple qui nous entourait

---

(1) PLIN., lib. XIX, cap. 1.

(2) C'était un marbre noir qu'on tirait de l'île de Chio
(PLIN., lib. XXXVI, cap. 6).

(3) Elles existaient véritablement *in atrio Scauri*, au
rapport de Pline, lib. XXXVI, cap. 2.

(4) *Ibid.*, cap. 3.

(5) *Ibid.*, cap. 3.

« applaudit à son discours. Elles cesseront
« d'être muettes, lui répondis-je, lorsque tu
« cesseras de manger des loirs (1) et des
« glandes de porc, chez Scaurus, en dépit des
« lois censoriales (2). Ce sarcasme inattendu
« mit les rieurs de mon côté ; et mon adver-
« saire se retira au milieu des huées.

« Faites attention au pavé : il est de mar-
« bre précieux (3), que l'on divise ainsi en
« tables à l'aide d'une scie sans dents et du
« sable d'Ethiopie (4) ; puis on place ces dal-
« les sur un lit de ciment ; de cette manière
« on fait des pavés d'une grande beauté et
« d'une solidité indestructible. Cet art de
« scier le marbre a été critiqué (5), parce
« qu'il rend l'usage de cette matière plus gé-

---

(1) On conserve au Musée de Portici un vase de terre cuite qui servait de mue pour renfermer les loirs et les engraisser.

(2) PLIN., lib. XXXVI, cap. 1.

(3) *Ibid.*

(4) *Ibid.*, cap. 6.

(5) *Ibid.*

« néral, et qu'il lui ôte par là de son prix
« comme objet de luxe... Mais d'où vient que
« vous restez ainsi immobile? Avançons. »
Attendez un instant, lui dis-je, laissez-moi
revenir de l'étonnement où me jette tout ce
que je vois. « Volontiers, continua-t-il, as-
« seyons-nous sur ce banc de bois d'érable,
« soutenu par des pieds de marbre (1). Pen-
« dant que la foule obstrue le *cavædium* et
« les pièces voisines, je continuerai à vous en-
« tretenir de toutes les choses qui vous frap-
« pent.

   « L'atrium est une disposition architecto-
« nique qui appartient à l'Italie; nous ne
« nous en servons point en Grèce (2), quoi-
« que nous ayons quelque chose d'appro-
« chant (3). Les Romains n'en sont cepen-
« dant pas les inventeurs; ils ont emprunté

---

(1) On a trouvé un banc de bois à Pompéi, lors de la
découverte du temple d'Isis, et un autre dans les bains
de la maison de campagne, dont les pieds, d'une forme
agréable, étaient en pierre.

(2) Vitruv., lib. VI, cap. 10.

(3) L'*andronitis* des maisons grecques. (*Ibid.*)

« cette partie de l'habitation des Atriates,
« peuple de l'Étrurie (1). Les ignorants con-
« fondent quelquefois cet endroit avec le
« vestibule (2); mais le véritable vestibule
« est au dehors (3), comme vous l'avez vu
« vous-même, et ceci est l'atrium, c'est-à-
« dire la partie publique de la maison; car
« nous avons soin d'établir dans chaque mai-
« son deux grandes divisions bien distinc-
« tes (4). La première, qui est celle où nous
« sommes, est abandonnée au public et à
« l'usage commun de tout le monde (5); la
« seconde est réservée pour l'habitation et
« l'usage privé du maître.

« Nous comptons cinq espèces d'atrium
« qui prennent leurs dénominations différen-
« tes de la manière dont le *cavædium* est
« couvert. La première est le toscan, dont le

---

(1) Varro, *de Ling. lat.*, lib. IV; Festus, *de Verb. signif.*
(2) Aul. Gell., lib. XVI, cap. 5.
(3) *Ibid.*
(4) Vitruv., lib. VI, cap. 8.
(5) *Ibid.*; Varr., *de Ling. lat.*, lib. IV.

« toit est simplement soutenu par quatre
« poutres qui se croisent à angles droits (1).
« C'est ce qu'on appelle un atrium à la ma-
« nière des anciens (2), parce que dans les
« premiers temps on ne connaissait que
« celui-là. Son nom de toscan le prouve
« même, en ce qu'il annonce sa première
« origine (3). On ne peut guère s'en servir
« que chez les particuliers d'une condition
« médiocre, parce que, lorsque le *cavædium*
« a une certaine étendue, la portée des pou-
« tres devient trop grande, et le poids des
« tuiles les fait fléchir. La seconde espèce
« d'atrium est le tétrastyle, ainsi dit de ce
« qu'il a quatre colonnes qui supportent les
« poutres du toit au point où elles se croi-
« sent (4). La troisième est l'atrium corin-
« thien (5), le plus magnifique de tous ; vous

---

(1) Vitruv., lib. VI, cap. 3.
(2) Plin. Jun., lib. II, *Epist.* 17.
(3) Varr., *de Ling. lat.*, lib. IV.
(4) Vitruv., lib. VI, cap. 3.
(5) *Ibid.*

« en avez un exemple devant les yeux. C'est
« le seul dont on puisse faire usage dans les
« palais, parce que les colonnes nombreuses
« qui supportent la toiture permettent de
« donner au *cavædium* toute l'étendue né-
« cessaire pour recevoir une grande affluence
« de monde. Quant à l'atrium *displuviatum*,
« qui forme la quatrième espèce, il ne diffère
« de ceux que je viens de décrire qu'en ce
« que le toit, au lieu d'être incliné vers l'*im-*
« *pluvium* au milieu de la cour, verse les
« eaux des pluies au dehors du *cavædium* (1).
« La cinquième est ce qu'on appelle le *Tes-*
« *tudine*; il ne laisse point d'espace à décou-
« vert au milieu (2) comme les autres; il tire
« son nom de ce qu'il ressemble, vu d'en
« haut, à la carapace d'une tortue (3); du
« reste, on ne peut guère l'employer que dans
« les endroits d'une médiocre étendue (4). Tel

---

(1) Vitruv., lib. VI, cap. 3.
(2) Nonn. Marcell., cap. 1.
(3) Varr., *de Ling. lat.*, lib. IV.
(4) Vitruv., lib. VI, cap. 3.

« est, mon cher Mérovir, ce que nous ap-
« pelons *atrium*. C'est certainement la partie
« la plus essentielle et la plus curieuse des
« palais de nos patriciens; puisque c'est en
« ce lieu que, suivant l'usage des Romains,
« chacun, selon ses relations ou ses besoins,
« se rend avant l'aurore (1) pour saluer son pa-
« tron (2), consulter un homme habile sur des
« points de droit ou des affaires d'intérêt (3),
« se recommander à la protection d'un grand,
« ou enfin tirer vanité aux yeux du public
« de la familiarité d'un homme puissant.
« Voyez comme le nombre de ces visiteurs
« s'accroît à chaque instant. On les distingue
« en trois classes : les *salutatores,* qui, comme
« nous, viennent saluer le maître du logis;
« les *deductores,* qui l'accompagnent jusqu'aux
« assemblées; enfin les *assectatores,* qui ne le

---

(1) Horat., *Epist.* 1, lib. II; Juven., *Satyr.* 5, v. 23;
Cicer., *ad Attic.,* lib. V, *Epist.* 2; Plin. Jun., lib. III,
Epist. 5.

(2) Quint. Cicer., *de Petitione cons.,* IX, 27.

(3) Horat., *Epist.* 1, lib. II.

« quittent jamais en public (1). Mais, voici
« Scaurus à l'entrée du *tablinum* (2). Remar-
« quez comme il accueille avec grâce tous ceux
« qui viennent rendre hommage à sa fortune
« ou recourir à son crédit. A l'aide d'un no-
« menclateur (3) il salue chacun d'eux par son
« nom (4), il leur donne le titre de père ou
« de frère selon leur âge (5), serre la main à
« quelques-uns (6), et fait à tous des promesses
« et des offres de service (7). » Voilà, dis-je,

---

(1) QUINT. CICER, *de Petitione cons*, IX, 27.

(2) L'une des principales pièces de l'atrium.

(3) HORAT., *Epist.* 6, lib. I; PETRON., *Satyric.*, cap. 13; SENEC., *de Constant. sapient.*, cap. 12; *id.*, *de Benef.*, lib. I, cap. 3; GRUT., t. II, pars I, p. 116. L'usage des nomenclateurs s'est conservé jusqu'à nos jours à Rome : les nobles ont des *gentiluomini*, ou *maestri di camera*, qui viennent leur dire le nom de chaque personne qui se présente à leur *conversazione*.

(4) QUINT. CICER., *de Petitione cons.*, XI, 32 ; PETRON. *Satyric.*, cap. 13.

(5) HORAT., *Epist.* 6, lib. I.

(6) *Ibid.*

(7) QUINT. CICER., *de Petitione cons.*, XI, 35.

un homme qui mérite véritablement d'avoir beaucoup d'amis, car il ne se contente point d'ouvrir sa porte à ses concitoyens, il leur ouvre encore son âme et son cœur (1). Chrysippe sourit. « En effet, Scaurus a beaucoup « d'amis, comme vous pouvez en juger; et « même en ce moment ce nom prend chez lui « une signification plus étendue (2) : le temps « des comices approche! Du vivant de Sylla, « Scaurus le père, qui était gendre du dicta- « teur, avait encore plus d'amis : ni l'atrium, « ni le vestibule ne pouvaient les contenir; « ils refluaient jusque dans les boutiques du « grand cirque (3); mais chaque fois que Ma- « rius reparaissait sur la scène la foule com- « mençait à diminuer, en sorte que l'on « pouvait savoir avec précision l'état des af-

(1) QUINT. CICER., *de Petitione cons*, XI, 35.

(2) *Ibid.*

(3) Le grand Cirque est derrière le mont Palatin, et touche à l'emplacement où devait être le palais de Scaurus; il y avait des boutiques tout autour (DION. HALIC., lib. III; TIT. LIV., lib. I, 55).

« faires de Marius par le plus ou moins de
« gens qui assiégeaient l'atrium de Scaurus;
« enfin il resta deux fois désert, et ne fut
« fréquenté de nouveau qu'après la mort.du
« rival de Sylla.

« Remarquez près de cette porte ces clients
« faméliques à qui l'on distribue de petites .
« pièces de monnaie ou quelques provisions
« de ménage; ils viennent ainsi chaque jour
« chercher ce que l'on appelle la *sportule* (1);
« la plupart d'entre eux n'ont que cette res-
« source pour subvenir à leurs besoins (2);
« aussi, comme la répartition se fait par tête,
« on voit souvent ces pauvres gens y traîner
« leurs enfants malades ou leur femme lan-
« guissante et près d'accoucher (3). »

En parlant ainsi, nous nous levâmes, et
nous commençâmes à avancer sous la galerie.
Chrysippe nous fit expliquer par un *atrien-*

---

(1) Juven., *Sat.* 1, v. 96.

(2) *Ibid.*, v. 121.

(3) *Ibid.*, v. 122.

sis (1) le sujet des plus belles peintures dont les parois étaient décorées; c'étaient des actions tirées de l'Iliade et de l'Odyssée (2); les frises étaient, de loin en loin, ornées d'inscriptions (3) et de proues de vaisseaux en bronze (4) : ces ornements ont été placés en ce lieu par des affranchis reconnaissants, comme une espèce de monuments votifs en l'honneur de leur patron (5).

---

(1) L'un des esclaves préposés à la garde et à l'entretien de l'atrium (Petron., *Satyric.*, cap. 9; Cicer., *Paradox.* 5, cap. 2; Colum., lib. XIII, cap. 3).

(2) Pétrone, qui veut ridiculiser Trimalcion, place à côté de ces sujets des combats de gladiateurs. Ce dernier genre de peinture ne se voyait guère que dans les tavernes, les boutiques et dans les habitations des gens du commun; elles étaient faites par des peintres ignorants, pour l'amusement du peuple. Horace fait dire à son valet : *Si je m'arrête à regarder les tableaux de Fulvius, de Rutuba et de Placideianus, si bien peints avec du rouge et du noir* (*Sat.* 7, lib. II). Pompéi offre plusieurs exemples de semblables tableaux.

(3) Petron., *Satyric.*, cap. 9.

(4) *Ibid.*

(5) *Ibid.*; Plin., lib. XXXIV, cap. 5. On voit à Pom-

Trois pièces principales occupent le fond de l'atrium : la première est le tablinum (1). C'est une salle assez vaste, entièrement ouverte sur le devant (2), où l'on tient les archives de famille; les deux autres salles, placées sur les parties latérales, sont de la même forme; on les nomme les ailes (3). Le tablinum et les ailes sont ornés d'arbres généalogiques (4), de portraits en bronze, en marbre et à l'encaustique (5), ainsi que de diptyques, qui renferment des figures en

---

péi un grand nombre de ces inscriptions honorifiques ou acclamatoires peintes sur les murs des édifices publics et privés.

(1) Festus, *de Verb. signific.*; Vitruv., lib. VI, cap. 4.

(2) Voyez les *Ruines de Pompéi*, tom. II, pag. 23.

(3) *Ibid.*, p. 24; Vitruv., lib. VI, cap. 4.

(4) Plin., lib. XXXV, cap. 2; Senec., *de Benef.*, lib. III, cap. 44.

(5) On peignait de cette manière les plafonds, les voûtes et les parois des appartements (Plin., lib. XXXV, cap. 2). Les peintures de Pompéi sont à fresque. Voyez *Ruines de Pompéi*, t. II, explication de la planche 23.

cire colorée, d'une parfaite ressemblance (1).
Ces portraits représentent les ancêtres (2) de
Scaurus; car c'est une louable coutume des
Romains de placer ainsi dans la partie publique de leurs maisons les images de leurs
aïeux avec le nom des familles dont ils des-
cendent (3), et des inscriptions rappelant les
grandes actions qu'ils ont faites, afin que
non-seulement elles puissent être connues
de tout le monde, mais encore pour que
leurs descendants soient par là excités à imiter leurs vertus (4).

Chrysippe jouissait de l'étonnement avec

---

(1) Indépendamment des portraits peints à l'encaustique, il y avait dans le *tablinum* des portraits en cire
faits en relief et moulés sur la nature (PLIN., lib. XXXV,
cap. 2 et 12). Voyez, pour ces diptyques, PITT., *Ercol.*,
tom. IV, p. 185, tav. 34, où un pareil portrait est représenté.

(2) PLIN., lib. XXXV, cap. 2; JUVEN., *Satyr.* 6, v. 164;
Satyr. 8, v. 20; MART., lib. IV, *Epigr.* 40; SENEC., *de Benef.*,
lib. III, cap. 28; *id., Epist.* XLIV, LXXVI; *id., Conso-
lat., ad Polyb.*

(3) SENEC., *ibid.;* PLIN., lib. XXXV, cap. 2.

(4) VALER. MAXIM., lib. V, cap. 7, § 3.

lequel je considérais tout ce dont. j'étais en-
vironné. « Eh bien ! me dit-il, que vous sem-
« ble de tout ceci ? Avouez que cette magnifi-
« cence ne ressemble point à celle des bar-
« bares. Ici la richesse des matières le cède
« à la beauté du travail. Ces statues multi-
« pliées qui ornent ce lieu lui donnent plu-
« tôt l'air d'un *forum* que de l'atrium d'un
« simple citoyen (1). Ces boucliers en bronze
« et en argent, sur lesquels sont sculptés des
« bustes (2), et que l'on a suspendus tout
« autour du portique, forment une déco-
« ration vraiment martiale (3). Ce sont en-
« core des ancêtres de la famille Æmilia. Les
« plaisants rient un peu de cette multitude
« d'aïeux que se donne Scaurus; car c'est
« une maison nouvelle, qui descend d'un cer-
« tain Æmilius Scaurus, homme de basse
« naissance (4). Mais c'est la folie de tous

---

(1) PLIN., lib. XXXIV, cap. 4.
(2) *Ibid.*, lib. XXXV, cap. 2, 3.
(3) *Ibid.*
(4) PLUT., *de la Fortune des Romains*, VII; AUREL.
VICT., *de Vir. illustr.*, cap. 44.

« les parvenus; aujourd'hui quiconque est
« devenu riche veut devenir noble. On ras-
« semble quantité de vieilles images (1)
« mutilées par le temps (2), et jaunies,
« comme celles-ci, par la fumée des lam-
« pes (3); on compose des oraisons funèbres
« pour des personnages imaginaires, pleines
« d'événements controuvés, de faux triom-
« phes, de consulats qui n'ont jamais existé;
« on se fait de fausses généalogies; on abuse
« de la ressemblance des noms (4); en un
« mot on n'oublie rien pour faire oublier son
« origine; c'est ce qui a dicté au vieux Mes-
« sala son livre des familles (5). Au surplus,
« cette passion des images est ancienne à
« Rome (6), ainsi que me l'apprit l'autre jour
« Cicéron, en me donnant à lire le traité in-

---

(1) PROPERT., lib. I, *Eleg.* 5.

(2) JUVEN., *Satyr.* 8, v. 4.

(3) SENEC., *Epist.* 44; JUVEN., *Satyr.* 8, v. 8.

(4) CICER., *de Clar. orat.*, cap. 26.

(5) PLIN., lib. XXXV, cap. 2.

(6) *Ibid.*

« titulé *Atticus,* qu'il a composé sur ce su-
« jet (1). Varron, pour se conformer au goût
« de son siècle, vient de publier une icono-
« graphie de sept cents personnages illus-
« ,tres (2), qui a un succès fort glorieux pour
« lui.

« Dans les premiers temps de la républi-
« que les atrium étaient moins somptueux ;
« ils n'étaient guère ornés que de dépouilles
« enlevées à l'ennemi (3) et de l'effigie des
« nations vaincues (4); alors on n'y voyait
« point non plus cette foule de flatteurs, de
« gens avides qui s'empressent aujourd'hui
« autour des patriciens. Les matrones et les
« mères de famille s'y tenaient entourées de
« fileuses (5), et s'y livraient à d'industrieux

---

(1) Ce traité est aujourd'hui perdu. Pline en parle à
l'endroit cité précédemment.

(2) Plin., lib. XXXV, cap. 2.

(3) *Ibid.*; Virg., *Æneid.*, lib. VII, v. 184. C'est ce qui
a fait dire à Tibulle : « Que la victoire place devant ton
« palais des dépouilles ennemies. »(Lib. I, *Eleg.* 1, v. 54.)

(4) Plin., lib. XXXV, cap. 2.

(5) Ovid., *Fast.* II, v. 741.

« travaux domestiques (1). » Il nous fit encore remarquer, dans les pièces situées autour de l'atrium, des secrétaires qui copiaient des actes, des affranchis chargés des affaires de la maison (2), qui traitaient avec les fermiers et les locataires. L'intendant réglait les comptes (3); enfin le trésorier (4), placé dans la plus vaste de ces pièces, payait les fournisseurs et tous ceux qui avaient des créances sur Scaurus. J'avoue que le luxe, le goût, l'éclat des décorations, la beauté des

---

(1) Arnob., *Disput. advers. gent.*, II, p. 31.

(2) D'après un passage de Pétrone, chap. 2, il est facile de reconnaître que les officiers chargés des affaires de la maison étaient placés dans les pièces qui entouraient l'atrium. Encolpius, étant entré chez Trimalcion, parle d'abord à l'*atriensis*, qui lui explique les tableaux dont l'atrium était décoré; puis, avant d'entrer dans le *triclinium*, il rencontre l'intendant occupé à ses comptes; enfin il est obligé de revenir sur ses pas vers l'atrium, pour aller implorer la clémence du trésorier.

(3) Cet officier s'appelait *procurator rationis*. (Petron., *Satyric.*, cap. 9.)

(4) On lui donnait le nom de *dispensator*. (*Ibid.*; Suet., *in Aug.*, 67.)

peintures, les marbres précieux, les statues
de bronze recouvertes d'un or éblouissant,
le mouvement continuel des personnes de
tous les rangs qui entraient et sortaient sans
cesse, la quantité d'esclaves de différents
pays, destinés à diverses fonctions (1), qui
traversaient l'atrium pour le service de la
maison, en un mot tant d'objets nouveaux
me plongèrent dans une extase profonde.
Chrysippe, pour redoubler à la fois mon
étonnement et ma curiosité, me dit : « Ce
« que vous voyez n'est rien en comparaison
« de l'intérieur du palais. Sachez que Scau-
« rus est un homme magnifique (2), et qu'il
« a réuni dans cette habitation des richesses
« immenses, que j'ai tâché de distribuer avec
« le plus de goût possible. »

---

(1) Pignorius a recueilli, dans son traité *de Servis*,
plus de trois cents sortes d'emplois exercés dans les maisons de ville seulement, par des esclaves ou des affranchis; encore a-t-il omis plusieurs sortes de fonctions que
l'on trouve indiquées dans les monuments rassemblés par
Grutter.

(2) *Lautissimus homo.* (PETRON., *Satyric.*, cap. 9.)

Cependant la foule commençait à diminuer; Chrysippe choisit le moment favorable, et nous présenta à Scaurus. Après les sa-
lutations accoutumées, celui-ci nous adressa
la parole : « Je rends grâce à Jupiter hospita-
« lier, dit-il, de m'avoir envoyé des hôtes
« tels que vous! soyez les bien-venus; j'aime
« votre nation, à la fois simple, généreuse et
« brave. J'espère que vous ne logerez point
« ailleurs que chez moi; ce palais n'était au-
« trefois qu'une masure en ruines : lorsque
« mon père l'acheta, les rats mêmes l'avaient
« abandonnée (1); il y construisit une agréa-
« ble habitation; mais je l'ai tellement em-
« bellie, qu'elle ressemble aujourd'hui à un
« temple (2). De plus, elle est vaste et bien
« distribuée, car je soutiens que la commo-
« dité d'un édifice en constitue la véritable

---

(1) Les anciens croyaient que cet animal, guidé par
un instinct prophétique, délogeait des édifices qui mena-
çaient ruine (PLIN., lib. VIII, cap. 2; CICER., ad Attic.,
lib. XIV, Epist. 9).

(2) PETRON., Satyric., cap. 18.

« beauté (1). Ne craignez donc point de me
« gêner, ni d'être gênés vous-mêmes ; mon
« *hospitium*, où je reçois les étrangers (2),
« peut contenir mille personnes (3). » Tel
fut le discours de Scaurus. Il le prononça
avec cet air de légèreté et d'assurance que
donne une vanité satisfaite d'elle-même. Nous
l'écoutâmes avec cette politesse fière qui
convient particulièrement à notre position ;
mais je t'avoue que l'offre de nous loger
pêle-mêle avec ses clients me déplut. Je ne
pus m'empêcher de le lui faire sentir. « Sei-

---

(1) Xenoph., *Socrat. Memorab. dictor.*, lib. III, 55.

(2) Il n'y avait guère que les gens du peuple qui lo-
geassent à l'auberge ; les personnes qui avaient quelques
relations un peu étendues allaient loger chez des amis ;
voilà pourquoi les hôtelleries étaient soumises à une police rigoureuse ; le préteur avait soin de tenir registre
de ceux qui s'y présentaient ; il inscrivait leur nom, leur
patrie, leur état. (*Satyric.*, cap. 7.)

(3) Petron., *Satyric.*, cap. 17. Scaurus, qui avait un
grand nombre de clients, pouvait avoir un *hospitium*
aussi considérable, afin de loger ceux d'entre eux qui
venaient à Rome pour les comices : c'étaient autant de
voix dont il pouvait disposer.

« gneur, lui répondis-je, l'aimable Chrysippe
« n'a point d'hospitium, mais il a reçu chez
« lui le fils du roi des Suèves et ses amis
« avec toute la courtoisie d'un citoyen d'Athè-
« nes; et nous croirions manquer à la recon-
« naissance en nous séparant de lui. » Scaurus loua la délicatesse de notre procédé, et,
après quelques compliments, il nous convia
à souper pour le même soir; ce que nous
acceptâmes sur-le-champ. Comme l'heure des
affaires l'appelait au dehors, il nous quitta,
en invitant notre ami à nous montrer le palais dans le plus grand détail; cette invita-
tion ne pouvait manquer de nous être agréable, puisque c'était le but de notre visite.
Scaurus sortit enfin dans une litière (1) ouverte et portée par six esclaves (2) libur-
niens (3). Il était accompagné d'un cortége
nombreux (4). L'atrium resta vide. Après en

---

(1) PETRON., *Satyric.*, cap. 9.
(2) JUVEN., *Satyr.* 1, v. 88.
(3) JUVEN., *Satyr.* 3, v. 241.
(4) QUINT. CICER., *de Petitione cons.*, IX, 29; JUVEN.,
Satyr. 1, v. 129.

avoir achevé le tour, nous voulûmes, avant
de quitter ce lieu, saluer les dieux domestiques, qui y ont un petit autel (1); mais quelle
fut ma terreur, lorsqu'en m'approchant de
leurs images, je vis sortir de derrière l'autel
et ramper à longs replis vers moi deux énormes serpents! Je reculai d'un pas, et, saisis-
sant un caducée de bronze suspendu près de
là, je m'apprêtai à les combattre. Chrysippe
accourut en riant : « Qu'allez-vous faire, dit-
« il, mon cher Mérovir? vous allez tuer des
« dieux! Ne craignez rien; ces serpents ne
« sont point de l'espèce de ceux qui déchi-
« rèrent l'infortuné Laocoon; ils ne viennent
« à vous que pour solliciter des caresses ou
« recevoir de votre main quelques parcelles
« de nourriture (2). Sachez que ces animaux
« sont regardés comme des génies; leurs ima-
« ges ornent tous les carrefours (3), et sont
« l'objet d'un culte populaire (4); on en

---

(1) *Ruines de Pompéi*, t. II, pl. 24.
(2) SUET., *in Tiber.*
(3) *Ruines de Pompéi*, t. I, p. 20; t. II, pl. 6, p. 39.
(4) *Ibid.*, pag. 38; PERS., *Satyr.* 1, v. 114.

« nourrit communément dans les maisons à
« Rome (1); et ils s'apprivoisent à tel point
« que pendant les repas on les voit ramper
« au milieu des coupes ou se glisser innocem-
« ment dans le sein des convives (2). Cette
« singulière superstition est tellement répan-
« due, que si les incendies et autres accidents
« ne détruisaient de temps en temps la race
« sacrée de ces reptiles, on ne pourrait ré-
« sister à leur excessïve fécondité (3), qui
« deviendrait plus importune mille fois que
« celle des souris et des rats, auxquels ils
« font la guerre. » En parlant ainsi, Chrysippe prit une clef des mains d'un jeune garçon attaché au service des dieux domestiques (4), et ouvrit une espèce de cabinet où
nous entrâmes : « Voici, nous dit-il, en nous
« montrant de petites statues, les lares de ce
« palais. Ceux de Numa, de Tarquin et des

---

(1) Plin., lib. XXIX, cap. 4.

(2) Senec., *de Ira*, lib. II, cap. 21.

(3) Plin., lib. XXIX, cap. 4.

(4) Suet., *in Domit.*, 17.

« grands hommes du temps passé, étaient
« d'argile (1); ceux de Scaurus sont d'or et
« d'argent (2) : depuis qu'on n'a plus de ver-
« tus à offrir aux immortels, on leur offre de
« l'or (3). Le maître de ce laraire voudrait
« bien que la religion lui permît de changer
« aussi ces vases de terre cuite contre des
« coupes de cristal ou de murrhin; mais les
« dieux n'acceptent que les libations faites
« avec des simpules pareilles à celles-ci (4).
« Vous voyez qu'il y en a de toutes gran-
« deurs et de toutes formes; c'est le menu
« bagage de ces petits dieux (5), dont le
« culte commode et peu dispendieux n'exige
« qu'une simple *patella*, ce qui leur a valu
« le nom de dieux patellaires (6). Indépen-
« damment de ce *lararium*, il y a dans cette

---

(1) PLIN., lib. XXXV, cap. 12.

(2) PETRON., *Satyric.*, cap. 9.

(3) PERS., *Satyr.* II, v. 75.

(4) PLIN., lib. XXXV, cap. 12.

(5) *Dii minuti.*(PLAUT.,*in Cistellar.*, act. II, sc. I, v. 46.)

(6) *Dii patellarii, ibid.*

« maison une magnifique chapelle que nous
« verrons plus tard. »

En sortant de ce petit sanctuaire, je m'arrêtai encore près de l'autel, devant lequel
brûlait une lampe posée dans une niche (1) :
il était orné de peintures représentant un sacrifice (2) et des serpents (3) semblables à
ceux qui nous suivaient familièrement. Après
avoir considéré de nouveau pendant quelques instants l'émail éclatant, la souplesse et
la grandeur démesurée de ces divinités ram-
pantes, nous nous éloignâmes pour échapper
à un nuage de poussière qui s'élevait à l'extrémité opposée de l'atrium : c'étaient les
atrienses, qui commençaient à balayer, à nettoyer et à mettre en ordre cette partie de
l'habitation (4).

---

(1) *Ruines de Pompéi*, t. II, pl. XXIV.

(2) *Ibid.*

(3) *Ibid.*, et t. I, pag. 20. On peignait aussi des serpents dans les endroits où l'on voulait empêcher de faire
des ordures; ce lieu devenait dès lors sacré.

> *Pinge duos angues : pueri, sacer est locus extra*
> *Mejite...* (PERS., *Satyr.* 1.)

(4) COLUM., lib. XIII, cap. 3; PIGNOR., *de Serv.*, 221.

CHAPITRE VI.

PÉRISTYLE.

« Maintenant, nous dit Chrysippe, vous
« allez parcourir la partie privée du palais;
« elle est infiniment plus vaste que l'atrium,
« quoique ce dernier soit un des plus con-
« sidérables de Rome, et qu'il n'y manque
« aucune des pièces commandées par l'usage
« du pays et le rang de Scaurus. » En parlant
ainsi, nous passâmes par des corridors situés
aux deux côtés du *tablinum* (1); on les
nomme *fauces* (2); ils nous conduisirent sous
le péristyle. « J'aurais pu, continua Chry-
« sippe, vous faire traverser le tablinum

---

(1) *Ruines de Pompéi*, t. II, p. 24.

(2) VITRUV., lib. VI, cap. 4; AUL. GELL., lib. XVI,
cap. 5.

« même pour arriver ici (1), car il y a une
« porte de communication (2) ; mais Scaurus
« se la réserve. »

Cette partie du palais me parut d'un ensemble tout à fait agréable. Elle a une cour
beaucoup plus grande que celle de l'atrium ;
cette cour est entourée d'un péristyle (3), ou
portique formé de colonnes d'un ordre fort
élégant, unies entre elles par un mur d'appui (4). Au centre est un parterre planté de
fleurs, qui croissent à l'ombre de quelques
platanes (5) ; les allées sont dessinées avec du

---

(1) Apul., *Florid.*, lib. IV.

(2) Comme cela se voit à plusieurs maisons de Pompéi. (*Ruines de Pompéi*, t. II.)

(3) Ce péristyle donnait son nom à la partie privée
de l'habitation. (Vitruv., lib. VI, cap. 4 ; *Ruines de Pompéi*, t, II, p. 25.)

(4) Ce mur d'appui s'appelait *pluteum* (Vitruv., lib.
IV, cap. 4 ; Varro, *de Re rust.*, lib. III, cap. I). Le pluteum était quelquefois creusé de manière à contenir de
la terre et à recevoir des fleurs, comme on peut le remarquer en plusieurs endroits à Pompéi.

(5) Plin. Jun., lib. V, *Epist.* 6.

buis et du *picea* (1), espèce d'if, taillés d'une manière bizarre (2). Au centre je remarquai un bassin profond (3) peuplé de poissons familiers de différentes espèces; quelques-uns avaient des anneaux d'or aux ouies; ils accouraient à la voix, et prenaient jusque dans la main le pain qui leur était offert (4). « Cette sorte de parterre, nous « dit notre aimable guide, est ce que l'on « appelle le xyste (5). Si le terrain l'eût per- « mis, j'aurais joint à cette habitation un « xyste plus vaste et isolé; mais, contrarié « par les localités, j'ai été obligé de le ren- « fermer dans l'intérieur du péristyle; au « surplus, il ne fait qu'ajouter à l'agrément « de cette partie du palais. Sentez-vous l'o-

---

(1) PLIN., lib. XVI, cap. 10.

(2) PLIN. JUN., lib. V, *Epist.* 6.

(3) On voit plusieurs bassins semblables dans les habitations de Pompéi. (Voyez *Ruines de Pompéi*, t. II.)

(4) PLIN., lib. XXXII, cap. 2.

(5) VITRUV., lib. VI, cap. 10.

« deur des violettes (1) qui embaument les
« galeries et les appartements voisins ? Scau-
« rus me sait un gré infini de la disposition
« de ce xyste. L'aspect de la verdure et le
« parfum des fleurs le consolent de l'éloigne-
« ment de ses jardins, qui sont au delà du Ti-
« bre. Mais rentrons sous le péristyle; voyez
« avec quel goût il est décoré... Ces peintures
« dont les parois sont couvertes, et qui re-
« présentent des vues perspectives d'architec-
« ture, sont de la main de Sérapion (2), un de
« mes compatriotes. Ces compartiments qui
« cachent le dessous de la charpente du por-
« tique (3) sont en bois. Ce fut Pausanias de
« Sicyone qui le premier imagina de pein-
« dre ainsi les plafonds (4); ceux-ci ont été

---

(1) PLIN. JUN., lib. II, *Epist.* 10.

(2) PLIN., lib. XXXV, cap. 10.

(3) On appelait cette sorte de plafonds à caisson *la-queria*. (ISIDOR., *Origin.*, lib. XV, cap. 8, et lib. XIX, cap. 10.) On en voit deux exemples dans la maison de campagne de Pompéi.

(4) PLIN., lib. XXXV, cap. 11.

« faits par un excellent ouvrier. Quant à
« cette teinte d'un rouge si éclatant dont
« est revêtu le soubassement continu qui rè-
« gne sous cette belle décoration, Scaurus
« n'a point voulu permettre qu'on la fît avec
« la sinopis pontique (1), comme c'est l'u-
« sage, mais avec du cinabre d'Éphèse (2);
« aussi pour mettre cette couleur délicate et
« précieuse à l'abri de l'action de l'air, qui
« lui est préjudiciable (3), je l'ai employée
« avec toutes les précautions possibles et se-
« lon le procédé de l'encaustique, c'est-à-dire
« en mêlant au cinabre de l'huile et de la
« cire punique (4). »

Cependant beaucoup d'esclaves s'agitaient
autour de nous : les uns nettoyaient les pavés avec de la sciure de bois (5) humide et

---

(1) Plin., lib. XXXV, cap. 6.

(2) Plin., lib. XXXIII, cap. 7; Vitruv., lib. VII,
cap. 9.

(3) Plin., *ibid.*

(4) Plin., *ibid.* Vitruv., *ibid.*

(5) Juven., *Satyr.* 14, v. 68.

un balai (1), ou frottaient avec un morceau
d'étoffe les colonnes (2), les marbres, les
portes et les ferrures (3); d'autres lavaient
avec une éponge les peintures et les stucs
jaunis par la fumée (4); ou, armés de longues perches, enlevaient quelques toiles d'a-
raignée à peine commencées (5). « Retirons-
« nous, dit Chrysippe, pour éviter la pous-
« sière, les éclaboussures et le désordre qui
« va régner ici pendant quelques instants.
« Entrons dans les appartements. »

---

(1) Horat., *Satyr.* 4, lib. II. Cet usage s'est conservé
en Italie, particulièrement à Naples.

(2) Juven., *Satyr.* 14, v. 61.

(3) Colum., lib. XIII, cap. 3.

(4) Vitruv., lib. VII, cap. 3.

(5) Juven., *Satyr.* 14, v. 62.

CHAPITRE VII.

APPARTEMENT DE SCAURUS.

Les Romains se lèvent dès l'aurore, sortent de bonne heure pour faire des visites et pour vaquer à leurs affaires; de là ils vont adorer les dieux dans les temples; ensuite ils se rendent au forum, dans les basiliques, sous les portiques, où l'on se rassemble pour causer des affaires de la république; et ils ne rentrent guère qu'à l'heure du principal repas (1), qu'ils font vers le soir (2); en un mot, ils vivent pour ainsi dire hors de chez

(1) Voyez, pour les divers repas, CIACON., *de Triclin.*; et STUCK., *Append. ad Ciacon.*; BULENGER., *de Conviv.*

(2) VIRG., *Æneid.*, lib. IV, v. 77; AUL. GELL., lib. XVIII, cap. 8; STAT., lib. IV, *Silv.* VI, v. 3; HORAT., *Epist.* 5, lib. I.—*Satyr.*, 7, lib. II; MART., lib. IV, *Epigr.* 3; PLIN. JUN., lib. III, *Epist.* 1; SENEC., *Epist.* 123, etc.

eux ; aussi l'appartement qui leur est personnellement destiné est-il pour l'ordinaire d'une médiocre étendue, en comparaison des autres pièces de la maison ; cela n'empêche pas qu'ils n'y réunissent toutes les distributions nécessaires, ainsi que beaucoup de recherches voluptueuses et d'ornements de prix. L'appartement de Scaurus est composé de plusieurs chambres à coucher (1), ménagées pour les diverses saisons (2); chacune d'elles est précédée d'une antichambre appelée *procœton* (3), et environnée de différentes pièces de service. Une de ces chambres est telle que le jour ni le bruit ne peuvent y pénétrer (4). Le pavé est formé par une mo-

---

(1) *Cubiculum* ou *Dormitorium*. Les anciens se couchaient aussi le jour, pour travailler ou se reposer, à la manière des Turcs ; mais alors ce n'était point dans leur chambre à coucher, comme on peut le voir dans les descriptions que Pline le Jeune nous a laissées de ses maisons de Laurentum et du lac de Côme, et dans plusieurs autres de ses lettres.

(2) Vitruv., lib. VII, cap. 5.

(3) Plin. Jun., lib. II, *Epist.* 17.

(4) *Ibid.*

saïque sur laquelle il y a plusieurs inscriptions, entre autres celle-ci : BENE DORMIO (1),
je dors bien. Dans une autre, on a peint sur
les murs des feuillages verdoyants (2), parmi
lesquels mille oiseaux, imités avec un art infini, perchent ou voltigent (3); en sorte que
l'on croirait être au milieu d'un agréable bos-
quet. La troisième a deux fenêtres qui reçoivent, l'une les premiers rayons du soleil, et
l'autre les derniers (4). L'*hibernaculum* (5),
ou petit appartement d'hiver, est composé
comme les trois autres que je viens de décrire ; mais la chambre à coucher, qui est la
dernière des quatre dont j'ai parlé plus haut,
a cela de particulier qu'elle est de figure
ronde et percée de manière que le soleil y

---

(1) Cette mosaïque a été découverte à Brindisi. (*Annales
des Voyages*, t. IV, p. 267.)

(2) Cette sorte de peinture s'appelait *opera topiaria*.
(PLIN. lib. XXXV, cap. 10.)

(3) PLIN. JUN., lib. II, *Epist.* 17.

(4) *Ibid.*

(5) *Ibid.*

donne à toutes les heures du jour (1). Dans toutes ces chambres, les lits, placés dans une alcôve appelée *zoteca* (2), sont de bois de citre (3), de bronze (4), ou revêtus d'écaille de tortue (5). Les matelas, rembourrés le laine des Gaules (6), les coussins, remplis de plumes légères (7), sont recouverts de tapis ornés avec goût (8). L'*hibernaculum* renferme encore un petit salon qui forme un *heliocaminus*, ou poële solaire (9) : on y jouit d'une très-douce température, au moyen d'un grand

---

(1) PLIN. JUN., lib. II, *Epist.* 17. Une des chambres à coucher de la maison de campagne de Pompéi est disposée dans ce genre.

(2) *Ibid.*

(3) PLIN. lib. XVI, cap. 16, — cap. 43.

(4) *Ibid.*

(5) PLIN., lib. XVI, cap. 16, — cap. 43. — lib. IX, cap. 11; JUVEN., *Satyr.* 11, v. 93; MART. lib. II, *Epigr.* 67; SENEC., *de Benf.*, lib. VII, cap. 9.

(6) PLIN., lib. VIII, cap. 48.

(7) URSIN., *Append. ad Ciacon. de Triclin.*, 117.

(8) *Ruines de Pompéi*, t. II, pl. 10, fig. 2; PLIN., lib. VIII, cap. 48.

(9) PLIN. JUN., lib. II, *Epist.* 17.

vitrage (1), qui laisse pénétrer les rayons du soleil. Toutes les autres pièces de l'*hibernaculum* sont échauffées par des tuyaux de chaleur (2) placés dans l'épaisseur des murs.

L'appartement renferme encore une petite salle à manger (3), divers cabinets et quelques *cellæ familiaricæ* (4), chambres d'esclaves, destinées à ceux qui sont attachés par-

---

(1) Il n'est pas douteux aujourd'hui que l'usage des vitres ne fût connu des anciens: un grand nombre de fragments de carreaux de verre ont été découverts à Pompéi; ces fragiles monuments d'un art porté fort loin par les Romains confirment toutes les conjectures à cet égard. On employait même les vitres à clore des portiques entiers, comme on peut s'en convaincre en lisant le commencement de la description de la maison de Laurentum de Pline, dont l'atrium est fermé par un vitrage, et en examinant la peinture représentant les bains de Faustine, publiée par *Bellori*, et depuis par *Winkelmann* dans ses *Monumenti inediti*.

(2) Senec., *Epist.* XC; Winkelm., *Remarques sur l'Architecture des Anciens*, p. 74. Voyez plusieurs bains dans les maisons de Pompéi, t. II.

(3) Plin. Jun., lib. II, *Epist.* 17.

(4) Vitruv. lib. VI, cap. 10. Dans plusieurs appartements de Pompéi, il y a une petite pièce pour un esclave, près de la chambre des maîtres.

ticulièrement à la personne de Scaurus. Je trouvai les fenêtres des chambres et de la salle à manger un peu petites; mais Chrysippe me prouva que lorsqu'elles sont plus larges elles ne font pas un aussi agréable effet pour la vue (1); les fenêtres du rez-de-chaussée sont fermées par des grillages en fer (2); celles des étages supérieurs sont ornées de caisses pleines de plantes et de fleurs, qui donnent à chaque pièce quelque chose de gai et de champêtre (3). Elles ont leurs volets peints d'une couleur d'azur tendre (4), qui est fort agréable à l'œil et bien

---

(1) CICER., *ad Attic.*, lib. II, *Epist.* 3.

(2) Ces grillages s'appelaient *Clathri;* ils étaient ou mobiles sur pivots, ou fixés dans le mur. On en a trouvé un à Herculanum. (WINKELM., *Remarq. sur l'Archit. des Anciens*, 64.) Un autre est conservé au musée de Naples. Les découvertes de Pompéi en ont fourni aussi plusieurs exemples.

(3) PLIN., lib. XIX, cap. 4.

(4) Cette couleur, appelée *cœlon*, avec laquelle on peignait les fenêtres, était une espèce d'*azur vestorien*, qu'on fabriquait à Pouzzoles.

en harmonie avec la couleur du ciel. Les
meubles dont cet appartement est rempli
avec profusion, faits de toutes sortes de riches matières, sont encore plus élégants que
précieux (1). J'avoue qu'on ne saurait rien
voir de plus gracieux que l'ensemble de ces
pièces, destinées cependant à n'être habitées,
pour ainsi dire, qu'aux heures du sommeil.

Chrysippe ouvrit en souriant une porte
couverte ·d'une draperie (2) qu'un esclave
souleva (3), et nous introduisit dans une
cour fort petite, décorée avec un goût infini,
dont le portique était fermé par des vitres (4).
« Ceci, dit-il, est un appartement secret (5),

---

(1) PLIN. JUN., lib. II, *Epist.* 17.

(2) POLLUX, *Onomast.*, lib. X, 4, 5; SENEC., *Epist.*
LXXX.

(3) *Ibid.* Ces esclaves se nommaient *Velarii.* (PIGNOR.,
de Serv., 227.)

(4) PLIN. JUN., lib. II, *Epist.* 17.

(5) Voyez, *Ruines de Pompéi*, t. II, un appartement
semblable dans la maison dite d'Actéon, d'après lequel
on a tracé en partie cette description.

« destiné aux folâtres jeux de Vénus (1) ; les
« Romains le nomment *Venereum* (2), et
« nous d'un nom encore plus doux : c'est ce
« que nous appelons l'*Aphrodision* (3). Re-
« marquez que les portes n'ont pas la moin-
« dre fente, et qu'elles sont encore défen-
« dues par des rideaux intérieurs (4) contre
« les regards des curieux (5). Ce tableau qui
« couvre la muraille en face de l'entrée re-
« présente Actéon puni de sa téméraire curio-
« sité (6). Il vous apprend quel serait le sort
« de l'indiscret qui tenterait, à l'insu du

---

(1) Tib., lib. III, *Eleg.* 3.

(2) On nommait *venereum* et *lupanar* les lieux publics de prostitution. (Mart., lib. I, *Epigr.* 35 ; Petron.,
Satyric., cap. 2.)

(3) Athen., lib. V, cap. 10.

(4) Mart., lib. I, *Epigr.* 35.

(5) Dans les lieux publics destinés au même usage, les
courtisanes s'enfermaient avec soin au moyen de serrures
(Mart., *ibid.*) ; et chacune d'elles plaçait au-dessus de la
porte de la cellule où elle se tenait un écriteau, *titulus*,
portant son nom.(Petron., *Satyric.*, cap. 2 ; Juven.,*Sat.* 6.)

(6) *Pitture di Pompéi*, tav. I.

« maître, de pénétrer les mystères de ce lieu.
« Il serait bientôt déchiré, comme l'impru-
« dent chasseur, non pas cependant par des
« dogues furieux, mais par ces bourreaux à
« gages (1) chargés de châtier les esclaves;
« et les bâtons, les lanières, les nerfs de
« bœuf (2) en feraient un mémorable exem-
« ple; heureux même s'il pouvait en être
« quitte pour son nez ou ses oreilles (3). Car
« nos voluptueux sont de dangereux enne-
« mis pour quiconque trahit le secret de
« leurs plaisirs; ni le fer ni le feu n'ont rien
« qui les étonne, et il n'est pas de poison qui
« parût trop cher à leur vengeance (4).

« J'ai fait peindre en noir le fond de la ga-
« lerie qui entoure la cour, parce que cette
« couleur fait ressortir davantage la blan-
« cheur des femmes et l'éclat de leurs vête-
« ments; plus d'une belle m'en a certaine-

---

(1) Juven., *Sat.* 6, v. 479.
(2) *Ibid.*, v. 480, 493.
(3) Mart., lib. II, *Epigr.* 83; — lib. III, *Epigr.* 85.
(4) Juven., *Sat.* 9, v. 96.

« ment su gré. D'ailleurs, la quantité d'orne-
« ments dorés semés sur ce fond noir lui
« ôtent tout ce que cette couleur a de lugu-
« bre (1). Voici une copie de la Vénus,
« chef-d'œuvre de Praxitèle, que tout le
« monde va admirer à Cnide (2). Cet autel
« qui est au pied de la statue est consacré
« à la déesse. Ce lieu est son temple, et elle
« s'y plaît autant, selon Scaurus, qu'à Cy-
« thère ou dans les bois de Lacédémone (3).
« Il serait du moins difficile qu'elle pût trou-
« ver nulle part une chapelle domestique
« plus digne d'elle. Considérez ces colonnes
« remarquables, non par leur grandeur,
« mais par la beauté de la matière ; elles sont
« de marbre de Phrygie et de Caryste (4).
« Quel éclat jette ce plafond doré (5), que ré-

---

(1) *Pitture di Pompéi*, et *Ruines de Pompéi*, t. II.

(2) Plin., lib. XXXVI, cap. 5.

(3) Mart., lib. IV, *Epigr.* 44, v. 5.

(4) Tib., lib. III, *Elcg.* 3.

(5) Horat., *Od.* 15, lib. II; Stat., lib. I, *Silv.* II.
v. 153 ; Senec., *Epist.* CXIV. — *De Ira*, lib. III, cap. 35.

« fléchit le marbre éblouissant du pavé (1)!
« et ces voiles suspendus que la pourpre de
« Sidon colora (2), et sur lesquels une main
« habile a tracé des dessins avec ces perles
« précieuses que l'on trouve aux bords de
« la mer Érythrée (3)! Cependant, que toutes
« ces richesses ne vous éblouissent pas au
« point de vous empêcher de bien saisir la
« disposition de cet appartement; tâchez de
« vous en souvenir, la cour au milieu ; à l'une
« des extrémités, la petite chapelle; et, der-
« rière, la cuisine, et ses dépendances; de
« l'autre côté, le triclinium et deux petits
« cabinets qui ont vue sur un petit parterre :
« telle est toute la distribution de ce véné-
« réum (4). Entrons dans un de ces cabinets
« dont je viens de vous parler. » Ce réduit
est vraiment délicieux, m'écriai-je ; on ne

(1) Tib., lib. III, *Eleg.* 3.

(2) *Ibid.*

(3) *Ibid.*

(4) Voyez la planche en tête de ce chapitre, et la maison dite d'Actéon, *Ruines de Pompéi*, t. II.

sait ce qu'il faut admirer le plus, ou de ces
lits de pourpre, ou de ces riches tapis (1), ou
de ces lambris ornés de peintures et de sculp-
tures (2); cette décoration, il faut l'avouer, n'a
rien de plébéien (3); tout respire ici l'opulence; mais pourquoi ces vases à boire (4) et
cette table (5) ronde? « C'est que, selon un
« proverbe reçu, me répondit Chrysippe en
« riant, Vénus est de glace sans Bacchus et
« Cérès (6); et lorsque Scaurus vient passer
« quelques moments en ce lieu, ce *monopo-*
« *dium* (7) est chargé de vins exquis, de
« fruits et de fleurs; et même vous voyez
« d'ici, sous le portique, des vases remplis de
« terre où l'on cultive des plants d'*eruca*,

---

(1) Tib., lib. I, *Eleg.* 1.

(2) Athen., lib. V, 10.

(3) Stat., lib. I, *Silv.* V, v. 47.

(4) Athen., lib. V, 10.

(5) Sur les vases étrusques qui représentent des scènes
voluptueuses on voit ordinairement une table auprès du
lit où reposent les personnages.

(6) Terent., *Eunuch.*, act. IV, sc. 5.

(7) Table ronde ou carrée à un seul pied.

« herbe stimulante, chère à Vénus (1); elle
« sert à réveiller les sens, lorsque les déli-
« ces de la table ou les feux du falerne écu-
« mant ne sont plus qu'une vaine ressource
« pour l'amour. » Mes yeux, peu à peu accou-
tumés à la légère obscurité qui règne ici,
commencent, dis-je à Chrysippe, à mieux reconnaître ce que ce cabinet renferme d'agréable; dans le premier moment, le demi-jour
que laissent pénétrer ces fenêtres ne me permettait pas de distinguer parfaitement les détails des objets. « Cette lumière incertaine,
« répondit-il, est un raffinement volup-
« tueux; pour l'obtenir, j'ai fermé l'ouverture
« de la fenêtre, non avec des vitres, mais
« avec une espèce d'albâtre transparent qui
« vient de Cappadoce, et qu'on appelle pierre
« spéculaire (2). En ouvrant les rideaux (3),
« nous aurons plus de jour encore... Main-

---

(1) MART., lib. III, *Epigr.* 75; JUVEN., *Sat.* 9, v. 125.
(2) PLIN., lib. XXXVI, cap. 22. On en tirait aussi de
Chypre, d'Afrique, de Sicile, et même d'Italie.
(3) PLIN. JUN., lib. II, *Epist.* 17; lib. VII, *Epist.* 21. —
JUVEN., *Sat.* 9, v. 106.

« tenant approchez, vous verrez mieux ces
« tableaux érotiques dont les murs sont or-
« nés ; ils sont de Parrhasius... (1). Mais quoi !
« vous fuyez!... » Sortons, lui dis-je, ce que
je viens de voir peut-il exister dans une
ville où l'on a élevé des autels à la pudeur !
Ah ! qu'il soit l'objet de la colère des dieux
celui qui le premier peignit de tels tableaux
dans les palais, et offrit à de chastes regards
des scènes lascives et des nudités obscènes ; celui-là fut le premier corrupteur de
la jeunesse, dont il dégrada les mœurs en
souillant les regards. Qu'il gémisse, cet artiste coupable, d'avoir trouvé l'art d'afficher
ainsi le crime sur les murailles (2)! Notre
jeune Grec, un peu embarrassé, voulut excuser
l'espèce de complaisance avec laquelle il avait
appelé mon attention sur ces tableaux im-
purs. « Votre vertueuse colère, dit-il, fait
« l'éloge des mœurs de votre patrie ; mais si,
« comme nous, vous eussiez été dès vos jeu-

---

(1) Plin., lib. XXXV, cap. 10.
(2) Propert., lib. II, *Eleg.* 6.

« nes ans familiarisé par la poésie et toutes
« les productions des arts avec les mystères
« d'une mythologie licencieuse ; si vous vi-
« viez, comme moi, depuis plusieurs années
« dans cette ville si corrompue, vous porte-
« riez un œil froid et indifférent sur ces re-
« présentations plus ridicules que dangereu-
« ses ; et, comme Mithridate, vous joueriez
« impunément avec le poison. »

Un moment de silence accompagné d'un
léger embarras mutuel suivit cet entretien
animé ; mais bientôt notre aimable guide nous
remit à notre aise, en renouant de nouveau
la conversation avec ce ton de bienveillance
qui lui est particulier.

CHAPITRE VIII.

APPARTEMENT DE LOLLIA.

« Vous venez d'observer, mon cher Méro-
« vir, me dit Chrysippe, des raffinements de
« délicatesse bien nouveaux pour vous. Je
« vais vous en montrer d'un autre genre.
« Passons par cette porte de communication
« dans l'appartement de Lollia, femme de
« Scaurus. Cette partie de l'habitation s'ap-
« pelle le *gynæconitis* (1), car les Romains,
« séduits par la douceur de nos mœurs et de
« notre langue, s'empressent à suivre nos

---

(1) VITRUV., lib. VI, cap. 10. Cette dénomination appartenait à la distribution des maisons grecques. Mais les
Romains imitèrent des Grecs beaucoup de choses qui tenaient au luxe et aux commodités de la vie ; aussi chaque
palais romain eut un *gynæceum*, un *prothyrum*, une *exè-
dra*, etc.

« usages et à emprunter nos dénominations;
« ils voudraient nous rendre Romains, et sans
« s'en douter ils deviennent Grecs. Ce gyné-
« cée est une preuve de l'influence que nous
« exerçons à cet égard; puisque c'est chez
« nous seuls que les femmes habitent, dans
« la partie la plus reculée du logis, un ap-
« partement interdit aux hommes (1); les
« Romaines, au contraire, occupent ordinaire-
« ment le premier étage sur le devant de la
« maison, et y reçoivent qui leur plait (2).

« Pour première surprise, considérez ces
« deux personnages bouffis qui nous ouvrent
« la porte, et dont les vêtements efféminés,
« la peau lisse, le teint blanc, la voix claire,
« contrastent si singulièrement avec leur haute
« stature; ce sont deux eunuques (3). Ces ri-
« dicules victimes de la dépravation des mœurs
« et du luxe asiatique s'introduisirent à Rome
« avec le culte de la mère des dieux, dont

---

(1) Vitruv., lib. VI, cap. 10.

(2) Cornel. Nep., *Præfat.*

(3) Petron., *Satyric.*, cap. 9; Pignor., *de Serv.*, 178.

« les prêtres, selon le rite phrygien, doivent
« d'abord cesser d'être hommes pour être
« dignes de servir ses autels (1). Maintenant,
« à l'exemple des peuples de l'Asie, on com-
« mence à leur confier la garde de l'apparte-
« ment des femmes (2). O vous! si chères à
« toute âme noble et tendre, si nécessaires à
« notre bonheur, faut-il donc, pour vous
« conserver chastes et pures, vous faire gar-
« der par des monstres, comme la toison de
« Colchos et les fruits des Hespérides? »

Non, non, dis-je à Chrysippe, cessez d'in-
jurieuses précautions; éloignez ces eunuques,
ces dogues aboyants, ces verroux qui cèdent
à l'or (3): les femmes ont de plus sûrs gardiens dans les mœurs publiques, dans ces
vertus dont le germe se développe par l'éducation et les exemples domestiques. Voulez-
vous voir de vraies épouses, venez dans nos
sauvages contrées, c'est là que la femme est

---

(1) Fest., *Signif. Verb.*; Juven., *Satyr.* VI, v. 512.
(2) Claud., XVIII, 98.
(3) Propert., lib. II, *Eleg.* 6, v. 31.

véritablement la compagne de son époux (1);
elle partage constamment, le jour ses travaux,
la nuit cette peau d'ours ou d'urus (2) qui
lui sert de couche; elle l'encourage dans les
combats, l'arrête dans sa fuite, et dans la défaite lui apprend par son exemple à préférer
la mort au déshonneur (3). De telles femmes
élèvent l'âme des hommes qui les possèdent;
aussi sont-elles fort honorées parmi nous (4).
Mais ces Romains, qui nous appellent barbares
et qui ne respectent rien de ce que la nature
a mis de pudique et d'affectueux dans les
cœurs, méritent-ils des épouses semblables à
celles des enfants de la guerre? Dites-moi:
ce Scaurus dont nous visitons le palais peut-
il prétendre à posséder une femme vertueuse
sous le même toit où il a ménagé un appartement destiné à des plaisirs illégitimes et se-

---

(1) Tacit., *de Morib. Germ.*, 18.

(2) Espèce d'énormes taureaux sauvages particulière
à la Germanie. (Cæs., *de Bell. Gall.*, lib. VI.)

(3) Tacit., *de Morib. German.*, 7, 8.

(4) *Ibid.*

crets? Car je pense que Lollia n'entre point
dans le *venereum* de son mari; si elle y entre, justes dieux! qu'attendre d'une personne
de son sexe qui oserait porter les yeux sans
trouble sur ces tableaux que moi, homme,
soldat et demi-sauvage, je n'ai pu entrevoir
sans rougir! « Ainsi, selon vous, répondit
« notre ami, il faut traiter les femmes comme
« nous traitons les villes alliées, qui se gar-
« dent elles-mêmes et nous restent fidèles
« uniquement par respect pour la foi du ser-
« ment? Cet avis est aussi le mien, d'autant
« plus que ces êtres dégradés dont on les en-
« toure sont souvent pour elles des instru-
« ments de corruption et de désordre. Il court
« même dans Rome d'étranges anecdotes (1)
« à ce sujet. Quant aux peintures licencieuses
« dont le *venereum* est rempli, on en fait ici
« un tel usage qu'on y est presque blasé sur
« cette sorte de plaisir criminel, et dès lors
« le danger est devenu moindre qu'il ne le
« paraît. Je n'en pense pas moins comme

---

(1) Juven., *Satyr.* 4, v. 366.

« vous. C'est un devoir de les éloigner des
« endroits fréquentés par les femmes hon-
« nêtes, car la vertu est comme la vue, qui s'af-
« faiblit lorsqu'on la fixe sur les objets qui la
« blessent. Ce que nous venons de dire de
« la chasteté des femmes me fait souvenir
« d'une satire sanglante dont le maître de ces
« lieux fut dernièrement l'objet. Il est amou-
« reux de la femme d'un chevalier, homme
« ambitieux et corrompu, qui, croyant qu'on
« ne saurait acheter par trop de complaisance
« la protection d'un grand personnage, fer-
« mait les yeux sur les assiduités de Scaurus.
« Un soir que ce dernier soupait chez Statilla
« (c'était le nom de sa maîtresse), il se plut à
« étaler son savoir en fait de magie et de su-
« perstition, et se mit à parler de charmes
« plus extraordinaires et plus efficaces, selon
« lui, les uns que les autres. Ce philosophe
« cynique dont je vous ai entretenu plu-
« sieurs fois sortit au milieu de la conver-
« sation, et revint un moment après portant
« une grenouille empalée avec un roseau.
« Grand magicien, dit-il à Scaurus, voici un

8

« talisman que je te donne, et sois certain
« que c'est le plus beau don que les puissances
« humaines et célestes puissent t'offrir ; si tu
« veux en connaître l'usage, lis le chapitre
« des grenouilles dans le troisième volume des
« œuvres de Démocrite. En parlant ainsi, il
« disparut. Scaurus, aiguillonné par sa pas-
« sion et la curiosité, envoya en toute hâte
« un de ses esclaves chercher dans sa biblio-
« thèque l'ouvrage en question. Le livre est
« apporté, on le déroule, et Scaurus lit à
« haute voix : *Si l'on empale une grenouille*
« *avec un roseau qui ait touché le sang d'une*
« *personne, cette dernière se dégoûtera sur-*
« *le-champ de l'adultère* (1). Les convives se
« regardaient les uns les autres, et se mor-
« daient les lèvres pour ne pas rire ; Statilla,
« toute troublée, baissait les yeux ; Scaurus
« lui seul conserva une présence d'esprit char-
« mante. Par Hercule ! dit-il, si ce que Démo-
« crite avance est vrai, les grenouilles seront
« désormais plus utiles à la société que les

(1) PLIN., lib. XXXII, cap. 5.

« lois (1). Ce mot heureux mit tout le monde
« à l'aise, et de longs éclats de rire terminè-
« rent cette plaisanterie. Mais le sarcasme du
« philosophe n'en devint pas moins la nou-
« velle de Rome, et pendant plus d'un mois
« les mauvais plaisants s'amusèrent à venir
« toutes les nuits attacher des grenouilles à la
« porte de Statilla et à celle de Scaurus; on
« poussa même la méchanceté jusqu'à en sus-
« pendre à l'entrée de l'appartement de Lollia. »
En parlant de la sorte, nous traversâmes
quelques pièces décorées avec tout le goût
possible, et une belle salle dont le plafond
était soutenu par des colonnes auxquelles
étaient attachées de riches tentures brodées
de diverses couleurs (2). Nous ne pûmes pénétrer jusqu'au *thalamus* (3) de Lollia, où

---

(1) Plin., lib. XXXII, cap. 5.

(2) Voyez presque toutes les peintures d'Herculanum qui représentent des scènes intérieures.

(3) C'était chez les Grecs la chambre conjugale (Vitruv., lib. VI, cap. 10). Cette dénomination était aussi passée chez les Romains; on la trouve fréquemment employée par leurs poëtes.

elle était avec ses femmes; les eunuques s'y
refusèrent, prétextant qu'il fallait pour cela
un ordre de leur maîtresse. Chrysippe voulut
aller le lui demander; nous l'en empêchâmes
en lui faisant entendre qu'il n'était pas dans
nos mœurs de faire d'une femme jeune,
belle et distinguée par son rang un objet de
curiosité, et que nous aurions certainement
pendant notre séjour à Rome d'autres occasions de lui offrir nos hommages et de faire
sa connaissance. Il approuva notre délicatesse; et afin de nous dédommager, il nous
conduisit dans un cabinet voisin, où Lala de
Cyzique, femme célèbre pour la peinture des
portraits (1), travaillait à celui de Lollia. Lala
me parut belle encore, quoiqu'elle ne fût
plus dans toute la première fraîcheur de l'âge;
elle était vêtue d'une légère tunique sans
manches; un manteau de pourpre jeté sur la
partie inférieure de son corps en dessinait
les formes élégantes, retombait en plis gracieux sur son fauteuil, et couvrait le pavé

---

(1) Plin., lib. XXXV, cap. 2.

autour d'elle; son tableau reposait sur un chevalet de bois précieux (1); auprès était une petite table de marbre, dans laquelle il y avait autant de trous que de teintes diverses; plus loin une vieille femme broyait des couleurs, tandis qu'une autre faisait fondre sur le feu de la cire mêlée avec de l'huile (2) pour servir de lien aux couleurs (3). Je restai long-temps à voir travailler cette artiste célèbre; j'admirais la grâce inimitable de ses mouvements, la promptitude inconcevable de son pinceau (4), et surtout la beauté de son ouvrage. L'émotion que j'éprouvais parut la flatter; elle m'adressa la parole avec une politesse exquise, et nous invita à venir voir chez elle les derniers tableaux qu'elle a terminés. Nous l'avons promis, et nous n'y manquerons

---

(1) Voyez une peinture représentant une femme peignant au cestre (Pitt., *Ercolan.*, t. VII, *tav.* I, p. 5).

(2) Plin., lib. XXXIII, cap. 7.

(3) Cette description est tirée, en tout ce qui tient au mécanisme de l'art, d'une peinture publiée dans les *Ruines de Pompéi*, t. II.

(4) Plin., lib. XXX, cap. 2.

pas. Lala m'a fait connaître pour la première fois tout ce que les talents et la gloire ajoutent de séduisant aux charmes de son sexe.

De là nous passâmes dans plusieurs pièces remarquables par le bon goût de leur décoration et de leur ameublement; mais ce qui nous frappa d'une surprise muette, ce fut le cabinet de toilette de Lollia!........ Rome offrit à Brennus moins de trésors pour sa rançon que Scaurus n'en a réuni dans l'appartement de sa femme; jamais mortelle n'a, je crois, rassemblé en un même lieu tant de différents genres de richesses (1). Croirais-tu qu'une seule perle d'un des colliers de Lollia a coûté six millions de sesterces (2)! La quantité d'objets consacrés à sa parure m'a effrayé (3). Je ne saurais faire l'énumération de cette immensité de choses destinées à la toi-

---

(1) PLIN., lib. XXXVI, cap. 15.

(2) SUET., *Cæs.*, 50 ; environ 1,600,000 francs.

(3) Voyez *Sabine, ou la matinée d'une dame romaine*, par Bœttiger.

lette des dames romaines (1). On nous montra des vases de toutes formes et de tous métaux, contenant soit des parfums (2), soit des compositions pour donner à leurs cheveux la teinte des nôtres (3), ou rendre aux teints livides et pâles les couleurs fraîches et pures de la jeunesse (4). Des armoires

---

(1) *Mundus muliebris*. Tit. Liv., lib. XXXIV, 7.; Ulpian., lib. XXV, 10.

(2) Plin., lib. XIII, cap. 3.

(3) Les Romaines de l'antiquité, comme celles de nos jours, avaient généralement les cheveux noirs; les chevelures blondes, étant rares, furent regardées comme une beauté; dès lors on se teignit les cheveux de cette couleur (Plin., lib. XXVII, cap. 12; Mart., lib. XIV, *Epigr.* 24-25). On peut remarquer dans les peintures antiques le blond douteux que l'on a souvent donné aux cheveux des principaux personnages; les statues des filles de Balbus trouvées à Herculanum conservent encore distinctement quelques traces de la teinte rouge que l'on passa autrefois sur leurs cheveux. Les Germains et les Gaulois, selon Pline et Martial, se servaient de semblables compositions.

(4) Plin., lib. XXVIII, cap. 12. Dans la cinquième salle au premier étage du Musée royal de Naples on conserve différents petits vases d'ivoire, d'argent et de verre qui ont servi à renfermer des cosmétiques. Il y en a un entre autres qui contient encore du rouge. On voit aussi,

précieuses (1) renfermant les unes des robes
de prix, pressées sous des poids nombreux
qui leur conservent le lustre et l'éclat qu'elles
avaient en sortant de la main de l'ouvrier (2),
les autres des tissus d'une grande finesse
pour se laver et s'essuyer (3); des miroirs de
métal, et d'autres de verre, que l'on fait venir de Sidon (4). Quant aux ornements, c'est
un délire chez les Romaines ; elles mettent l'u-
nivers à contribution pour rehausser l'éclat
de leurs charmes : l'Égypte leur fournit des
étoffes xylines (5) ; Tyr change pour elles la
blancheur éblouissante des toisons en une
poupre éclatante (6); l'or et la soie, mélan-

---

dans la même armoire, des aiguilles, des fuseaux, des
dés à coudre, etc.

(1) Senec., *de Tranq. Anim.*, cap. 1; Ulpian., lib. XXV,
10.

(2) Senec., *ibid.*

(3) Ulpian., lib. XXV, 10.

(4) Plin., lib. XXXVI, cap. 26.

(5) Le xylon était une espèce de lin ou de coton
(Plin., lib. XIX, cap. 1).

(6) Tib., lib. II, *Eleg.* 4.

gés avec art, composent le tissu varié de leurs vêtements (1) ; des émeraudes d'un vert azuré, des perles que recèlent les mers profondes de l'Orient (2), couvrent leurs robes, se balancent à leurs oreilles, ou brillent dans leur coiffure (3) ; mais c'est trop peu de ces richesses, dont la valeur peut être appréciée : elles se sont créé des raffinements de luxe qui n'auraient aucun prix sans leur folie. Ces fleurs que le printemps fait éclore sous l'haleine des zéphyrs (4) sont pour elles sans parfums et sans charmes si elles ne leur sont apportées des pays étrangers (5) ; encore leur préfèrent-elles des couronnes de fleurs artificielles, dont on va chercher la matière et le parfum au delà de l'Indus (6). Mais, le croirais-

---

(1) Tib., *Eleg.* 6.

(2) *Ibid.*, *Eleg.* 4.

(3) Plin., lib. IX, cap. 35.

(4) Horat., *Od.* 4, lib. I.

(5) Presque toutes les fleurs dont se faisaient les couronnes venaient des pays étrangers (Plin., lib. XXI, cap. 9).

(6) *Ibid.*, cap. 3.

tu, Sigimer! non contentes de mépriser ces
innocents atours que l'heureux climat d'Italie
s'empresse à leur offrir sans frais presque en
toute saison, elles se dépouillent elles-mêmes
du plus noble ornement dont la nature se
soit plu à les embellir : elles se rasent la tête
pour la parer de chevelures blondes ache-
tées (1) à prix d'or aux jeunes vierges de la
Gaule et de la Germanie (2). Voilà jusqu'où
les femmes de Rome ont porté le luxe et la
superfluité (3). A côté de ce cabinet de toilette nous vîmes les pièces où les esclaves de
Lollia (4) préparent et conservent ses nombreux vêtements (5). On nous fit remarquer

---

(1) *Crinibus emptis* (OVID., *Amor.*, lib. III, v. 161, 167;
MART., lib. XII, *Epigr.* 23). Les anciens connaissaient les
perruques, comme on le voit dans Juvénal, *Sat.* 6, v. 120,
et MART., lib. XII, *Epigr.* 37; lib. XIV, *Epigr.* 48; — *Mus.
Capitol.*

(2) MART., lib. V, *Epigr.* 68.

(3) PLIN., lib. XXI, cap. 3.

(4) Voyez pour les esclaves des dames romaines PIGN,
de Serv.

(5) Cette pièce se nommait *Vestiarium.*

sur toutes les portes des racines de natrix,
que ces femmes crédules y placent pour éloigner les mauvais génies de l'endroit qu'elles
habitent (1). Lollia a aussi près de sa chambre
un *penetrale* (2), ou oratoire, plein de divinités étrangères, dans lequel elle se retire
pour sacrifier en secret, lorsqu'elle est frap-
pée de quelque songe funeste ou atteinte de
cette mélancolie involontaire qui porte les
cœurs sensibles vers les sentiments religieux.
Son appartement renferme encore, indépendamment des pièces que je viens de citer,
quelques salons d'une élégance infinie, destinés à la conversation, et une petite salle à
manger. Enfin nous sortimes du *Gynæconitis*
par l'extrémité opposée à l'appartement de
Scaurus, et nous nous trouvâmes une seconde
fois sous le péristyle.

« Vous venez de voir, me dit Chrysippe,

_____

(1) Plin., lib. XXVII, cap. 12.

(2) Chapelle domestique dans l'intérieur de la maison
Fest., *de Verb. Signific.* et Paul. Diac.). Les Grecs en
avaient de semblables, qu'ils nommaient ἄδυτον (*Illias*,
lib. V, v. 448 et 512).

« un luxe qui signale toute l'étendue de la
« corruption des mœurs romaines. Jadis les
« matrones ne connaissaient point ces appar-
« tements immenses où elles rassemblent
« aujourd'hui tant de superfluités ruineuses.
« Vêtues avec simplicité, elles passaient les
« journées assises dans leur *atrium*, filant au
« milieu de leurs domestiques (1), ou tissant
« les vêtements de leur famille (2). Alors les
« femmes apportaient en dot à leur époux
« une beauté mâle, une santé robuste, des
« mœurs chastes, et cette habitude de l'ordre
« et de l'économie qui répand l'aisance même
« au sein de la pauvreté. Aujourd'hui elles
« n'ont plus qu'une beauté fragile, que les
« veilles et les excès flétrissent en une saison ;
« à peine ont-elles la force d'être mères ; leur
« ame s'abreuve avec avidité de tous les poi-
« sons du siècle ; enfin, leurs dissipations
« effrayantes mettent le désordre dans toutes
« les fortunes : aussi la plupart des gens aisés

---

(1) Ovid., *Fast.*, H, v. 741.

(2) Arnob., *Disput. advers. gent.*, II, p. 31.

« fuient-ils le mariage, et l'on sera bientôt
« obligé de remédier, par des lois contre le
« célibat, à ce dégoût du plus saint et du plus
« doux des devoirs (1). » En parlant ainsi,
nous nous trouvâmes à l'entrée d'une vaste
galerie, où nous entrâmes.

---

(1) C'est ce qui donna lieu par la suite à la loi *Julia*.

CHAPITRE IX.

LA BASILIQUE ET LA PINACOTHECA (I).

« Voici, me dit Chrysippe, la Basilique (2)
« où le père de Scaurus, lorsqu'il était prince
« du sénat, réunissait quelquefois l'élite des
« sénateurs, pour conférer secrètement des
« affaires et préparer les décisions intéres-
« santes; aujourd'hui elle ne sert guère que
« pour des lectures (3), lorsque quelque ora-
« teur ou quelque poëte y vient réciter ses
« ouvrages devant un auditoire nombreux
« et choisi. Vous voyez que cette Basilique

----

(1) Galerie de tableaux.

(2) Il y avait de semblables basiliques chez les grands
de Rome (VITRUV., lib. VI, cap. 10).

(3) PERS., *Satyr.* I, v. 17; JUVEN., *Satyr.* 7, v. 41.

« privée est semblable en tout, pour la forme
« et la décoration, aux basiliques publiques,
« si ce n'est qu'elle est construite sur des di-
« mensions plus petites : aussi, sans vous y
« arrêter plus longtemps, passons dans la
« *Pinacotheca;* vous y retrouverez encore une
« distribution empruntée aux usages de ma
« patrie. C'est de nous que les Romains ont
« appris à réunir dans une galerie, comme on
« l'a fait ici, des tableaux de différents maîtres ;
« car, bien que l'on voie en Italie, et particu-
« lièrement à Ardée, des peintures plus ancien-
« nes que la fondation de Rome (1); quoique
« l'illustre famille Fabia se fasse gloire de devoir
« son origine à un peintre (2), et que le poëte
« Pacuvius n'ait point dédaigné de peindre le
« temple d'Hercule, au Forum Boarium (3), cet
« art a été longtemps à Rome dans une espèce
« de défaveur (4). Marcellus y montra le pre-

---

(1) Plin., lib. XXXV, cap. 3.
(2) Fabius Pictor., *ibid.*, cap. 4.
(3) *Ibid.*
(4) *Ibid.*

« nier, dans son triomphe, des ouvrages d'ar-
« tistes grecs (1); mais c'est principalement
« Lucius Mummius qui a donné aux Romains
« le goût des tableaux de grands maîtres, en
« faisant transporter à Rome les chefs-d'œuvre
« des peintres de la Grèce (2). Cependant ce
« ne fut point aux lumières de Mummius que
« cette ville fut redevable de ce genre de ma-
« gnificence; il était si ignorant dans les arts,
« qu'ayant fait un accord avec des négociants
« pour le transport des statues et des tableaux
« qu'il avait pris à Corinthe, il mit dans le
« marché que si par malheur ils venaient à
« gâter ou à perdre quelques-uns de ces chefs-
« d'œuvre d'Apelle, de Protogène, de Zeuxis
« et de Phidias, ils seraient tenus d'en faire
« faire de semblables à leurs frais (3)! L'ava-
« rice seule lui ouvrit les yeux sur la valeur
« réelle des objets d'art que possédait la Grèce;
« et voici à quelle occasion. Comme il faisait

---

(1) TIT. LIV., lib. XXV, 25.

(2) PLIN., lib. XXXV, cap. 4.

(3) VELL. PATERC., lib. I, p. 5.

« vendre à l'enchère les tableaux et les statues
« trouvés à Corinthe, le roi Attalus offrit un
« prix excessif d'un tableau du peintre Aris-
« tide ; Mummius commença dès lors à soup-
« çonner que ces objets pouvaient être dignes
« de la magnificence romaine ; aussitôt il rom-
« pit tous les marchés, et fit transporter ici les
« dépouilles de notre infortunée patrie (1). De-
« puis, ce goût est allé toujours croissant ; on
« vient même tout récemment d'exposer dans
« le Forum un grand nombre de tableaux d'an-
« ciens maîtres grecs (2); enfin, ce sera bientôt
« une fureur, car les Romains ne savent gar-
« der de mesure en rien. Tous leurs goûts de-
« viennent des passions, et leurs passions
« tiennent du délire. »

La *Pinacotheca* (3), dans laquelle nous entrâmes, est située de manière à recevoir le
jour du nord (4), parce que cette exposition

---

(1) PLIN., lib. XXXV, cap. 4.
(2) *Ibid.*
(3) PETRON., *Satyric.*, cap. 19 ; VITRUV., lib. VI, cap. 7.
(4) VITRUV., *Ibid.*

lui procure une lumière toujours égale, et ne permet pas aux rayons du soleil d'y pénétrer. Elle est remplie des plus beaux chefs-d'œuvre de la peinture, que Scaurus y a rassemblés à grands frais. Dès l'abord, je m'arrêtai muet devant un tableau de Pausias (1); il représentait un taureau vu en raccourci (2). Le talent du peintre était parvenu à faire une illusion complète. « C'est le premier exemple d'une sem-
« blable manière de représenter les objets, me
« dit Chrysippe, et c'est encore ce qu'on a
« fait de mieux en ce genre (3). Vous verrez
« ici beaucoup de morceaux de la main du
« même artiste; Scaurus les a achetés de la
« ville de Sicyone, qui, ne pouvant payer ses
« dettes, a trouvé, fort heureusement pour
« elle, une ressource inattendue en vendant
« les tableaux de Pausias (4). Voyez plus loin

---

(1) Horat., *Satyr.* 7, lib. II, v. 69.

(2) Plin., lib. XXXV, cap. 11.

(3) *Ibid.*

(4) *Ibid.*

« cet ouvrage de Zeuxis ; il n'a nullement res-
« senti les outrages du temps (1). Ici ce sont
« des tableaux de mon ami Métrodore, égale-
« ment célèbre dans la peinture et dans la phi-
« losophie (2); car c'est une grande erreur de
« croire que l'étude des arts soit incompa-
« tible avec celle des lettres et de la sagesse.
« Socrate soutenait au contraire que les ar-
« tistes étaient les philosophes par excellence.
« Voici un Ajax de Timomaque le Byzantin (3).
« A l'extrémité de la galerie, dans la partie
« comprise entre le cintre de la voûte et la
« corniche qui la supporte, considérez cette
« fresque ; elle n'est point remarquable par
« la beauté de son exécution, mais le sujet
« en est admirable ; c'est une allégorie de la
« vie humaine. Elle nous montre l'homme
« livré en naissant à l'influence des bonnes et
« mauvaises inclinations : dès qu'il commence

(1) PETRON., *Satyric.*, cap. 19.

(2) PLIN., lib. XXXV, cap. 11.

(3) *Ibid.*

9.

« ce voyage orageux qu'on appelle la vie,
« diverses routes se présentent à lui : les unes
« fleuries et riantes, où les plaisirs et la vo-
« lupté s'offrent pour guides, conduisent aux
« erreurs, aux regrets, et enfin, par une pente
« irrésistible, à l'excès du vice, du repentir
« et du malheur ; les autres, âpres dès l'abord,
« mais plus faciles ensuite, mènent ceux qui
« les suivent dans le chemin de la science,
« des vertus, et les font arriver au séjour de
« la vérité et du bonheur. Cette peinture a
« été copiée en Grèce, d'après un vieux ta-
« bleau, exposé dans je ne sais quel temple de
« Saturne (1), et elle a fourni au philosophe
« Cébès le sujet d'un petit ouvrage intitulé
« *Pinax*, ou *le tableau*. » Ceci me plaît mieux,
lui dis-je, que les peintures du Venereum ; et
même, en vrai barbare, je donne à cette
fresque la préférence sur tous les autres tableaux de cette galerie. « Quoi ! s'écria Chry-
« sippe, vous la préférez à ces monochromes

---

(1) Ceb., *Tab.*, p. 1.

« d'Apelle (1)? » Sans doute, lui répondis-je ;
et si les peintres célèbres que vous venez
de me nommer n'ont produit que des imita-
tions serviles de la nature, comme ces combats d'animaux que je vois là avec le nom
de Nicias (2), comme cette vieille qui boit
dans un vase de verre, ou bien d'insignifiantes
allégories, telles que cette forêt de Némée (3),
je les tiens pour des hommes qui, par la faiblesse de leur génie, ont trahi la dignité de
leur art. La peinture, ainsi que la poésie, doit
parler à l'âme ; sa destination est de trans-
mettre à la postérité le souvenir des grandes
actions, les traits des personnages célèbres ; et

---

(1) PETRON., *Satyric.*, cap. 19. On appelait *monochromes*
les peintures à une seule couleur (PLIN., lib. XXXV,
cap. 3). On se servait pour les tableaux monochromes
d'une couleur rouge qui venait des Indes, et qu'on appelait *cinabaris Indica* (*Ibid.*, lib. XXXIII, cap. 7). Il
existe au Musée royal de Naples un tableau de ce
genre, qui est certainement ce que l'antiquité nous a laissé
de plus parfait en peinture.

(2) PLIN., lib. XXXV, cap. 11.

(3) *Ibid.*

puisque les dieux ont accordé au peintre , ainsi
qu'au poëte , le don d'émouvoir les passions ,
il doit s'en servir pour diriger les hommes vers
le bien , en offrant à leurs yeux de puissants
exemples de vertu ou de hautes leçons de
philosophie, comme dans cet admirable tableau
de la vie humaine.

« Tel fut aussi , répondit notre ami , le pre-
« mier usage que l'on fit de cet art ; les plus
« anciennes peintures représentèrent l'image
« des dieux , des héros et des sages (1) ; mais
« les hommes se sont en toutes choses em-
« pressés d'abandonner ce qui les instruit, pour
« courir après ce qui les amuse. Par exemple,
« croiriez-vous qu'Antistius Labéon se soit fait
« une réputation par ces petits tableaux dont
« les figures sont si excessivement petites
« qu'elles échappent à l'œil ? Mais ce genre est
« méprisé (2) par les bons esprits , qui ne
« voient dans cette espèce de difficulté vaincue

---

(1) PLIN., lib. XXXV, cap. 4.

(2) *Ibid.*, cap. 2.

« qu'un aveu d'impuissance, et une patience
« incompatible avec le génie. Cependant les
« tableaux de genre et les caricatures (1)
« de Peireicus sont payés ordinairement plus
« chers que les producti ons des grands maî-
« tres (2). Au surplus, vous reconnaitrez facile-
« ment quel prix on attache à tous ces chefs-
« d'œuvre, par les soins que l'on prend pour
« les conserver. Indépendamment de l'expo-
« sition de la galerie (3), qui les met à l'abri
« du soleil et de l'humidité, ces tableaux sont
« recouverts chacun d'un vernis diaphane,
« destiné à les préserver de la poussière (4),
« et placés, comme vous le voyez, dans des

---

(1) On donnait aux tableaux grotesques la dénomination de *grylli* (PLIN., lib. XXXV, cap. 10). On en voit
plusieurs exemples dans les peintures d'Herculanum et
de Pompéi.

(2) *Ibid.*

(3) VITRUV., lib. VI, cap. 7.

(4) PLIN., lib. XXXV, cap. 10. Voyez *Ruines de Pompéi*, tome II, page 64, la notice sur les procédés et les
matières colorantes dont se servaient les artistes de l'antiquité.

« cadres (1) qui se ferment avec des volets (2),
« ou des châssis vitrés (3). La plupart de ces
« peintures ont été faites à l'encaustique (4),
« les autres sont à fresque. Ce dernier procédé
« est principalement employé pour peindre
« sur les murailles (5); aussi plusieurs des
« tableaux à fresque que vous voyez ici, ont-
« ils été enlevés avec une audace et une
« adresse admirable des murs sur lesquels ils
« furent primitivement exécutés (6). Je pour-

---

(1) Plin., lib. XXXV, cap. 2.

(2) Voyez *Pitt. di Pomp.*, peinture sans numéro, représentant la décoration d'un atrium.

(3) *Ruines de Pompéi*, t. I, p. 24.

(4) Mart., lib. IV, *Epigr.* 47. Il y avait trois sortes de
peinture à l'encaustique : la première, au cestre sur l'ivoire ;
la deuxième, à la cire diversement colorée, qui se maniait
comme on le fait encore pour les portraits en cire ; la
troisième, à la cire fondue au feu et employée avec le
pinceau. Cette dernière manière était la plus solide ; on
s'en servait pour les vaisseaux (Plin., lib. XXXV, c. 11).

(5) Toutes les peintures antiques trouvées jusqu'à ce
jour sont à fresque ; on ne pouvait pas employer indistinctement toutes les couleurs pour ce genre d'ouvrage.
(Plin., lib. XXXV, cap. 7.)

(6) Plin., lib. XXXV, cap. 4, rapporte une opération

« rais exciter votre étonnement, mon cher
« Mérovir, si je voulais, après vous avoir
« montré tous ces tableaux, vous dire le prix
« qu'ils ont coûté. Je me bornerai à un seul
« exemple. Le premier propriétaire de cette
« bataille, ouvrage du peintre Bularchus,
« l'acheta son pesant d'or (1). »

Nous sortîmes enfin de la *Pinacothecu*, fatigués du nombre excessif de tableaux que nous avions examinés. Nous nous assîmes un moment sur le *pluteum* (2) du péristyle. C'est un mur d'appui entre les colonnes, creusé en forme de canal, rempli de terre, et dans lequel on plante des fleurs qui font un effet fort agréable (3). Après avoir, pendant

---

semblable tentée par Caligula, de manière à donner à penser qu'elle se pratiquait souvent. On a trouvé dans les fouilles de Pompéi deux tableaux déjà détachés du mur avant l'éruption, et placés à terre avec précaution pour être transportés ailleurs.

(1) PLIN., lib. XXXV, cap. 8.

(2) Voyez la note 4, page 88.

(3) *Ruines de Pompéi*, t. II.

quelques instants admiré les statues adossées
aux colonnes (1) et reposé notre vue sur la
verdure et les fleurs dont le xyste est orné,
nous prîmes un passage qui nous conduisit à
l'une des portes de la bibiliothèque, car elle
en a plusieurs, afin de communiquer également avec les bains, les salles de réunion et
le lieu consacré aux exercices gymnastiques.

---

(1) Cic., *in Verrem*, — act. II, lib. 1 19.

CHAPITRE X.

LA BIBLIOTHÈQUE.

Pisistrate, selon ce que nous apprit Chrysippe, fut le premier qui établit une bibliothèque publique; les Athéniens continuèrent
à eurichir ce dépôt précieux, de tous les ouvrages qu'ils purent se procurer; ils créèrent
ainsi une bibiliothèque immense (1). Cet exemple a été imité depuis par tous les peuples
chez lesquels le goût des lettres a pénétré , et
aujourd'hui il est peu de patriciens romains
qui n'aient une bibliothèque particulière; on
en voit même dans les bains privés et publics ,
dont elles sont un des principaux ornements (2).

(1) Aul. Gell., lib. VI, cap. 17.

(2) Senec., *de Tranquillit. Anim.*, cap. 9.

Celle de Scaurus, où l'on a rassemblé un grand nombre de volumes (1), est une des plus considérables de Rome (2); elle devrait être exposée à l'orient (3), parce que son usage requiert le jour du matin, et que cette exposition, en préservant les livres de l'humidité, a encore l'avantage de mettre la bibliothèque à l'abri de ces vents chauds qui font éclore les vers (4). Mais quoique cette considération ne soit point du tout indifférente, car ces insectes causent quelquefois de grands dégâts dans les bibliothèques en rongeant les rouleaux (5) de parchemin (6), ou

---

(1) Festus et Paul. Diac., *de Verb. Signific.*

(2) Les bibliothèques étaient ordinairement assez petites; celle trouvée à Herculanum, qui contenait plus de mille volumes, était si étroite qu'en étendant les bras on touchait les deux murs opposés. (Wink., *Recherches sur l'Architecture des anciens,* p. 73.)

(3) Vitruv., lib. VI, cap. 10.

(4) *Ibid.,* cap. 7.

(5) Mart., lib. IV, *Epigr.* 8; lib. XIV, *Epigr.* 35.

(6) Horat., *Sat.* 3, lib. II; Mart., lib. XIV, *Epigr.* 182, 183, 184, 186, 188, 190. On se servait aussi de parchemin pour peindre et dessiner. (Plin., lib. XXXV, c. 11.)

Je papyrus dont les volumes sont composés (1); les localités ne m'ont pas permis de lui donner l'exposition que j'aurais désiré, et j'ai été forcé de la placer à l'occident, mais de manière cependant à être abritée contre le soleil et les vents du midi.

La bibliothèque est divisée en trois salles, une réservée aux ouvrages écrits en langue grecque, les deux autres aux livres latins (2). Le pourtour de ces salles est garni d'armoires (3) de cèdre ou d'ivoire (4), dans lesquelles on serre les *locumenta*, ou cassettes, qui con-

---

(1) Sous les empereurs, on connaissait à Rome sept qualités de papier plus ou moins belles les unes que les autres faites avec le papyrus. (PLIN., lib. XIII, cap. 11.) Le parchemin fut inventé à Pergame pour la bibliothèque d'Eumènes, et il est ainsi presque contemporain du papier de papyrus, qui ne fut inventé que du temps d'Alexandre, selon Pline (*Ibid.*, 10). Mais Hérodote (lib. V, c. 8) parle du papyrus qu'il appelle byblos, ce qui fait remonter cette invention à des temps plus reculés.

(2) PETRON., *Satyric.*, cap. 14.

(3) VITRUV., lib. VII; PLIN. JUN., lib. II, *Epist.* 17.

(4) SENEC., *de Tranquill. Anim.*, cap. 9; PERS., *Sat.* 1, v. 42.

tiennent les livres (1), étiquetés avec soin (2).
Au-dessus l'on a placé les images des grands
hommes qui se sont illustrés par la culture
des arts et des lettres (3). Chrysippe fit ouvrir
devant nous une de ces armoires, et en tira
divers manuscrits. Le premier sur lequel il mit
la main fut un traité des effets de la musique (4), écrit en grec; puis un traité d'Epi-
cure (5) sur la nature. On nous montra encore plusieurs livres qui traitaient de matières
philosophiques ; enfin Chrysippe prit dans
une autre armoire un grand nombre de manuscrits : « Ces dix-huit volumes , dit-il , sont les
« ouvrages que Magon a composés sur l'agri-

---

(1) *Pitt. Herc.*, t. II, tav. 7, 13. Cette sorte de cas-
sette se nommait aussi *scrinium.* (MART., lib. XIV, *Epigr.*
35.)

(2) SENEC., *de Tranquill. Anim.*, cap. 9.

(3) PLIN., lib. XXXV, cap. 2 ; SUET., *in Tib.*, 70; JUV.,
Satyr. 2, v. 6; PLIN. JUN., lib. IV, *Epist.* 28; SENEC., *de
Tranquill. Anim.*, cap. 9.

(4) Par Philodème ; trouvé à Herculanum.

(5) Trouvé aussi à Herculanum.

« culture ; on les regarde comme le trésor le
« plus précieux que Rome ait ravi à Carthage.
« Ils étaient écrits originairement en langue
« punique ; mais Decimus Silanus les a tra-
« duits en latin par ordre du sénat. » Vous
me faites plaisir, lui dis-je , de me montrer
ces livres pour lesquels les Romains ont une
si grande vénération ; je suis flatté de voir un
barbare compté parmi les hommes qui ont
concouru à éclairer l'esprit humain.

Comme nous n'avions point le temps de
parcourir les ouvrages qui nous étaient pré-
sentés , je ne m'occupai que de la forme et
du matériel de ces livres. Il y en a de plusieurs sortes désignés chacun par un nom
différent (1), selon qu'ils sont roulés (2), ou
reliés comme des tablettes (3). Les premiers

---

(1) Isid., *Origin.*, lib. VI, cap. 13.

(2) Les manuscrits trouvés à Herculanum sont tous en
rouleaux, c'est-à-dire de l'espèce appelée *volumen*.

(3) Les anciens avaient des livres en parchemin reliés
dans le genre des nôtres, *tabellas*. (*Pitt. Herc.*, t. II, tav.)
Ce fut Attale, selon Eusèbe, ou Eumènes, selon Pline,

sont formés de longues bandes de papyrus (1); les autres sont en parchemin, et revêtus d'une couverture semblable (2), de
couleur pourpre (3), avec des rosaces (4) et
des ornements colorés (5); l'écriture, en lettres cubitales (6), est dans tous tracée en
noir (7) d'une manière fort distincte.

Chrysippe nous introduisit ensuite dans des
cabinets voisins, où des esclaves appelés *li-*

---

qui fut l'inventeur de cette dernière espèce de livres. Cependant Hérodote dit (lib. V, cap. 58) qu'avant que le
byblos fût commun, on écrivait sur de peaux de chèvre
et de mouton, et qu'on donnait à ces livres le nom de
dyphthères.

(1) PLIN., lib. XIII, cap. 12.

(2) MART., lib. I, *Epigr.* 3-67.

(3) *Idem.*, lib. I, *Epigr.* 118; lib. III, *Epigr.* 2; lib.
VIII, *Epigr.* 72.

(4) *Idem,* lib. I, *Epigr.* 67; STAT., lib. IV, *Silv.* 9, v. 7.

(5) MART., lib. III, *Epigr.* 2; CATULL., *ad Var.*, v. 6.

(6) *Herculan. Volum.*, t. I et II. Il paraît cependant
que les anciens avaient aussi une écriture cursive. Voyez
Ruines de Pompéi, t. II, la vignette, p. 2.

(7) *Herculan. Volum.*, t. 1 et 2.

Pl. VIII. pag. 222

brarii (1), ou *amanuenses* (2), copiaient des manuscrits qu'un grammairien collationnait et corrigeait. Auprès de chacun était une petite écritoire ronde (3), et ils écrivaient, à l'aide d'un tube de roseau (4) taillé en pointe, sur des feuilles de papyrus ou de parchemin d'une grande blancheur, polies les unes avec une coquille de mer (5), les autres avec la pierre ponce (6) et la dent d'ivoire (7).

---

(1) Cicer., *Fam.*, lib. XVI, *Epist.* 21; Corn. Nep., *Vit. Pomp. attic.*

(2) Picxor., *de Serv.*, 109.

(3) *Pitt. Herc.*, t. VII, tav. 24, p. 375. On voit au Musée des *Studj* une semblable écritoire en bronze, dans laquelle l'encre, desséchée, s'est conservée. Il serait facile en l'analysant de connaître la composition de cet *atramentum*.

(4) Plin., lib. XVI, cap. 36; Mart., lib. XIV, *Epigr.* 17—36; Pers. *Satyr.*, III, v. 11. On en conserve une au Musée royal de Naples, dans la cinquième salle, au premier étage.

(5) C'était ainsi qu'on donnait le poli au papyrus (Mart., lib. XIV, *Epigr.*, 207).

(6) Mart., lib. I, *Epigr.* 67; — 118, lib. IV, *Epigr.* 10; Horat., *Epist.* 20, lib. I. Les esclaves employés à polir les feuilles de cette manière s'appelaient *pumicatores*.

(7) Plin., lib. XIII, cap. 12.

« Les dépenses immodérées de Scaurus,
« dit Chrysippe, sont d'un exemple trop
« dangereux pour n'être point blâmables ; il
« n'en est pas ainsi de celles qu'il a faites
« pour sa galerie de tableaux et sa bibliothè-
« que, car il a enrichi sa patrie de monu-
« ments des arts et de chefs-d'œuvre littérai-
« res ; cependant je ne peux m'empêcher de
« sourire en voyant cet homme fastueux qui,
« après avoir rempli avec tant d'empressement
« ces armoires des ouvrages de tous les auteurs
« célèbres, inconnus ou méprisés qu'il a pu
« se procurer, bâille maintenant au milieu de
« ces milliers de volumes, dont il regarde à
« peine la reliure et les titres (1). Mais si
« Scaurus ne sait point en faire usage pour
« lui-même, il en fait un noble usage pour les
« autres en permettant à chacun de venir étu-
« dier chez lui, sans refuser jamais la porte
« à personne, même aux Grecs et autres
« étrangers (2). Il a fait construire dans cette

---

(1) SENEC., *de Tranquillit. Anim.*, cap. 9.

(2) PLUT., *Vic de Lucullus*, 82.

« intention diverses salles près d'ici, dans les-
« quelles on lit, ou on discourt sur des ma-
« tières philosophiques. Presque toutes les per-
« sonnes studieuses de Rome se rendent en ce
« lieu comme dans une hôtellerie des Mu-
« ses (1), et quelquefois même Scaurus se
« plait à se mêler parmi les philosophes et les
« hommes lettrés qui fréquentent sa biblio-
« thèque.

(1) PLUT., *Vie de Lucullus,* 82.

CHAPITRE XI.

LES OECI (1).

« Nous voici encore en Grèce, mon cher
« Mérovir, tout ici est emprunté à ma pa-
« trie; lorsque du haut de l'Olympe Romulus
« jette un regard sur les palais qu'habitent
« aujourd'hui ses *quirites* dégénérés, il doit
« être aussi étonné que vous à l'aspect de
« ces distributions nouvelles, dont il ne sau-
« rait comprendre ni l'usage ni les dénomi-
« nations.

« Cette première salle, qui est la plus pe-
« tite, porte le nom de Tétrastyle (2), parce

---

(1) Le mot *œcus* vient du mot οἶκος, *maison*. Les
Romains lui donnaient la signification de *salle*. (VITRUV.,
lib. VI, cap. 5, 6, 10). Pollux donne au mot grec la même
interprétation (*Onomast.*, lib. I, cap. 8).

(2) VITRUV., lib. VI, cap. 5.

« qu'elle est ornée de quatre colonnes ; sa
« forme est carrée, et elle a par conséquent
« en hauteur une fois et demie sa largeur (1).
« Remarquez la beauté de ce pavé en mo-
« saïque, imité de celui que Sosus fit à Per-
« game (2), et surtout ces colombes qui s'é-
« pluchent au bord d'un vase plein d'eau (3).
« Ces colonnes sont de marbre du cap Thénare,
« et les poutres qu'elles supportent sont in-
« crustées d'ornements dorés (4) et de tablettes
« d'ivoire (5) : sur le milieu de chacune des
« quatre parois on a peint une des saisons
« de l'année (6) ; aussi cette salle s'appelle-
« t-elle la salle des Saisons ; car chaque pièce
« de cette maison est désignée par un nom

---

(1) Vitruv., lib. VII, cap. 5.

(2) Plin., lib. XXXVI, cap. 25.

(3) *Ibid.*, et *Mus. Capitol.*

(4) Stat., lib. I, *Silv.* 2, v. 153.

(5) Horat., *Od.* 13, lib. II ; Propert., lib. III, *Eleg.* 2, v. 9. On voit de semblables ornements dorés aux bains de Livie sur le mont Palatin.

(6) *Pitt. Hercul.*

« particulier (1). De l'autre côté il existe une
« salle semblable à celle-ci; elle sert de pen-
« dant pour la distribution, et communique
« de même avec une pièce beaucoup plus
« grande, que nous verrons à son tour.

« Celle où nous entrons maintenant s'ap-
« pelle la salle Corinthienne (2); c'est une des
« plus riches de toute la maison. Elle est en-
« tourée de colonnes posées sur un piédes-
« tal (3); les lambris sont en marbre ta-
« cheté (4) que Scaurus a fait venir des îles
« de Thasos et de Lesbos (5). La voûte, qui
« repose sur les colonnes (6), est décorée,
« comme vous le voyez, de caissons en stuc
« enrichis d'ornements coloriés et dorés, et
« cette décoration accompagne agréablement

---

(1) PLUT., *Vie de Lucullus.*

(2) VITRUV., lib. VI, cap. 5.

(3) *Ibid.*

(4) PLIN., lib. XXXVI., cap. 6.

(5) *Ibid.*

(6) VITRUV., lib. VI, cap. 5.

« la diversité des marbres, qui reluisent de
« toutes parts quand le soleil projette ses
« rayons à travers les ouvertures ménagées
« dans la voûte (1). Le pavé en mosaïque re-
« présente une des plus fameuses chasses de
« Scaurus (2). Vous le voyez avec son ami
« Torquatus, attaquant un énorme sanglier
« aux abois, qui a déjà blessé plusieurs chiens.
« Dans la bordure de ce tableau Scaurus a
« fait représenter des combats de coqs et de
« cailles, dont il est grand amateur. Tout cela
« est exécuté, vous l'avouerez, avec une rare
« précision, et pourtant ces riches matières
« et ce précieux travail sont destinés à être
« foulés aux pieds! »

Nous traversâmes d'autres salles de différentes formes et de diverses grandeurs pour
nous rendre dans la salle qui fait pendant à

---

(1) STAT., lib. I, *Silv.* 5, v. 45.

(2) Cette description m'a été fournie par un pavé en
mosaïque découvert à Pompéi en 1809. Le nom du premier chasseur est Festus, auquel j'ai substitué celui de
Scaurus.

celle-ci, elle est nommée l'Égyptienne (1),
parce qu'on l'a décorée à l'imitation des salles
d'Égypte. Comme l'œcus corinthien, elle est
entourée de colonnes, avec cette différence
pourtant que celles-ci sont surmontées d'un
attique qui supporte le plafond. Cet attique
est percé de fenêtres et orné de pilastres, en
sorte que la décoration générale est tellement
noble, qu'on se croirait plutôt dans une basilique que dans une pièce d'habitation privée (2). Au-dessus des bas-côtés on a pratiqué des terrasses extérieures (3), qui servent
à rendre plus agréables les appartements du
second étage. La décoration répond au nom
que porte cette pièce; elle est toute dans le
goût égyptien. Le plafond offre l'image du
système céleste selon ce peuple (4). Le pavé

---

(1) Vitruv., lib. VI, cap. 5.

(2) *Ibid.*

(3) *Ibid.*

(4) Le zodiaque du temple de Tintyris. (Voyez l'ouvrage de la commission d'Égypte). Ce morceau est ac-
tuellement à Paris.

en mosaïque représente des vues des bords du Nil dans le temps de l'inondation, des édifices, des animaux particuliers à ce pays, et des chasses de crocodiles et d'hippopotames (1), monstres que Marcus Scaurus fit voir le premier aux Romains pendant son édilité (2). Les parois sont recouvertes des marbres les plus rares que puissent offrir les carrières de la Libye. Les chapitaux et les bases des colonnes sont de bronze doré (3).

Quel génie insensé, dis-je à Chrysippe, peut engager les opulents possesseurs de ces splendides et voluptueuses demeures, à nous disputer nos huttes cylindriques enduites de terre glaise (4), construites au delà des Apennins et des Alpes, vers une autre mer, dans la profondeur des forêts, ou sur les bords des marécages? Pourquoi César a-t-il aban-

---

(1) Mosaïque du temple de la Fortune à Palestrine.

(2) PLIN., lib. VIII, cap. 26.

(3) *Id.*, lib. XXXIV, cap. 3.

(4) TACIT., *de Morib. Germ.*, XVI.

donné sa maison de la voie sacrée (1) pour
venir dormir en plein air dans nos bruyè-
res, sous un ciel inclément, au milieu des
périls dont le désespoir d'un peuple brave et
nombreux le menace sans cesse? Quelle inconcevable rage de conquêtes et de domination! « Les guerres continuelles, les con-
« quêtes éloignées, répondit le jeune Grec,
« sont devenues indispensables pour le salut
« de la république romaine; elle doit périr
« dès qu'elle cessera de croître. Ces républi-
« cains qui vivent en rois dans la capitale
« du monde, qui étonnent l'univers par leur
« faste et l'effrayent par leurs exploits; qui
« couvrent l'Italie de leurs clients, de leurs
« affranchis, de leurs esclaves; dont les
« richesses et le nom seul peuvent lever des
« armées, sont trop puissants pour vivre si
« près les uns des autres. Ils sont aujour-
« d'hui, par leurs grandes actions et leur
« magnificence, l'honneur et l'ornement de
« leur patrie; ils en seraient les fléaux si

(1) Suet., cap. 46.

« Rome n'avait soin d'occuper leur inquié-
« tude, de satisfaire leur ambition, leur cu-
« pidité aux dépens des nations étrangères.
« Lorsqu'ils n'auront plus rien à conquérir,
« ils se disputeront la domination de la ré-
« publique, comme le firent Marius et Sylla.
« Mais ces armées nombreuses toujours sur
« pied, sans cesse occupées à soumettre ou
« à garder des pays éloignés, épuisent la vi-
« gueur de l'empire. Les nations conquérantes
« ressemblent aux volcans, qui s'élèvent en
« vomissant leurs entrailles, et grandissent
« ainsi à leurs propres dépens. Un jour ar-
« rive où, après avoir jeté hors de leur sein
« ce qui faisait leur solidité et leur puissance,
« minés, affaiblis, pressés au dehors par le
« poids de leur masse, ils s'écroulent et ren-
« trent dans les abimes d'où ils étaient sor-
« tis. » Par Hercule ! m'écriai-je, voilà le premier heureux augure que j'aie entendu dans
Rome depuis que j'y suis. O dieux des Gaulois et des Germains, soyez-nous propices, et
accomplissez les prédictions de ce Grec ! Chrysippe sourit de mon invocation. « En atten-

« dant, dit-il, que les dieux exaucent vos
« vœux, cher Mérovir, entrons dans l'exèdre :
« c'est une salle où l'on se rassemble pour
« converser; j'entends d'ici beaucoup de voix;
« et vous aurez occasion d'observer les per-
« sonnages qui y sont réunis pendant que je
. « vous montrerai ce que cette pièce peut
« avoir d'intéressant. »

CHAPITRE XII.

L'EXÈDRE (1).

L'exèdre est une grande salle spacieuse et élevée (2), dont les deux extrémités se terminent en hémicycle, avec un banc circulaire pour s'asseoir et converser (3). Des deux côtés de la salle, il y a encore d'autres siéges

---

(1) Ce mot vient de ἐξ, préposition, et d'ἕδρα, siége ou assemblée, en sorte qu'on peut traduire ainsi : *Salle des siéges,* ou mieux encore, *Salle pour l'assemblée.* C'est par erreur qu'on a donné le nom d'exèdre à des bancs circulaires. C'était si bien une salle, que Vitruve les confond avec les *œci,* et les assujettit aux mêmes proportions (lib .VI, cap. 5).

(2) *Ibid.*

(3) Voyez, pour ces bancs circulaires, *Ruines de Pompéi,* t. I, pl. 3, 7; particulièrement pl. 33, 34, qui offrent à peu près l'image des hémicycles qui devaient terminer l'exèdre de Scaurus à ses deux extrémités.

isolés et des bancs (1). Le milieu, reste vide,
pour se promener; le pavé est de marbre
blanc et les murs sont lambrissés en marbre
jusqu'à hauteur d'appui (2); le reste de la
paroi est couvert de peintures agréables (3),
représentant des colonnes saillantes surmontées de leurs entablements, et accompagnées
de piédestaux, de statues, et des ornements
les plus riches que peut offrir l'architecture.
Cette décoration, dans le genre des scènes
tragiques (4), a quelque chose de grandiose;
elle est exécutée avec beaucoup d'intelligence, et selon les règles de la perspec-
tive (5). De distance en distance on a réservé
de grands panneaux, où sont représentés, avec

---

(1) On a trouvé deux bancs dans une des pièces principales du bain de la Maison de Campagne.

(2) PLIN. JUN., lib. V, *Epist.* 6.

(3) Les exèdres étaient principalement décorés de
peintures, à cause de l'étendue de leurs murailles qui
laissaient un vaste champ au génie du décorateur (VI-
TRUV., lib. VII, cap. 5).

(4) *Ibid.*

(5) LUCRET., lib. IV.

beaucoup d'art, des faits mythologiques, des
événements de la guerre de Troie, et les
aventures d'Ulysse (1), que je ne me lassais
point de considérer.

« Laissez là les héros d'Homère, me dit
« notre guide, venez vous asseoir près de moi
« sur ce banc ; nous pourrons observer en ce
« lieu, comme dans l'Iliade, plus d'un ora-
« teur aussi éloquent que Stentor, des Ulysses
« en toge, des chevaliers romains qui sem-
« blent avoir pris Pâris pour leur modèle ; et
« qui sait si dans la foule des personnages
« qui affluent ici il n'existe point en secret
« quelque jeune audacieux qui aspire à de-
« venir, comme Agamemnon, le roi des rois ?
« Autrefois les exèdres des grandes maisons
« n'étaient guère fréquentées que par les gens
« de lettres et les philosophes ; aujourd'hui
« ce sont autant de forums privés, où se ren-
« dent les hommes avides de nouveautés et
« de changements. Scaurus, dont l'ambition
« fermente, et qui s'est laissé séduire par

---

(1) Vitruv., lib. VII, cap. 5 ; Petron., *Satyric.*, cap. 9.

« César, attire imprudemment chez lui ces
« personnages que vous voyez rassemblés à
« cette extrémité de la salle, reste impur des
« amis de Catilina, échappés à la sévérité de
« Cicéron. Hélas! ces lieux où j'ai vu si sou-
« vent l'éloquent Antiochus et son frère
« Ariste s'entretenir de la nature des choses
« divines et humaines avec Varron, Ælius
« Stilo, Atticus; ces voûtes, qui plus d'une
« fois ont entendu les conversations animées
« de Cicéron et d'Hortensius, retentissent au-
« jourd'hui des discours séditieux de ces
« hommes pervers, pour qui les temps de
« dissensions et de troubles sont des jours de
« triomphe, et qui fuient la paix parce qu'elle
« demande des vertus (1). Le nombre de ces
« désespérés est tel qu'on ne peut douter de
« quelque grand bouleversement; ils pré-
« cipitent la république vers une révolution
« prochaine (2). Mais éloignons-nous de
« ce groupe de factieux insensés; approchons

---

(1) Tacit., *Hist.*, lib. IV, cap. 1.
(2) Sallust., *Cat.*, lib. IV.

« plutôt de cet hémicycle où le vieux Scé-
« vola, assis au milieu de ses amis (1), s'en-
« tretient avec eux, selon sa coutume, ou de
« quelque point de morale, ou des hommes
« illustres de son temps. » Nous avançâmes
vers ce vénérable vieillard; il parlait de Lélius et de Scipion (2). Bientôt il se mit à traiter des devoirs du citoyen, et c'était principalement aux jeunes gens qu'il adressait la
parole : j'ai retenu quelques fragments de ses
discours.

« A l'ombre des vertus, la jeunesse croît
« pour la gloire. — La seule chance heureuse
« que le vice puisse lui offrir, c'est une mort
« prématurée. . . . .
« . . . .
« Ni les provinces conquises, ni l'Italie, ni le
« Latium, ni même l'enceinte de Rome, ne
« constituent la république romaine : elle est
« toute dans les institutions que nous ont
« transmises nos pères. Quand Brennus cam-

_____

(1) Cicer., de Amicit., cap. 1, 2.
(2) Ibid.

« pait sur les cendres de Rome, Rome n'en
« existait pas moins au sein du Capitole, dé-
« positaire de ses saintes lois..............

« Craignons d'oublier nos devoirs, en nous
« occupant toujours de nos droits..........

« Le premier des devoirs du citoyen est de
« révérer les institutions de son pays; le pre-
« mier de ses droits, de les défendre.......

« ....

« Les jeunes citoyens croient que l'efferves-
« cence de leurs sentiments est sanctifiée par
« cet amour déréglé de la patrie dont ils sont
« enivrés; qu'ils apprennent que la patrie,
« comme une amante sévère, ne permet que
« les sentiments désintéressés, les passions
« soumises, le zèle qui obéit, et qu'elle re-
« jette tout le reste, comme un hommage in-
« digne qu'elle dédaigne, ou comme un crime
« qu'elle punit............................

« La liberté est un bouclier, n'en faisons point
« une épée. »............................

« Ayons pour les lois une obéissance passion-
« née. »................................

....

J'écoutais avec transport les sages paroles de ce digne vieillard, lorsque Chrysippe m'entraîna d'un autre côté. Il voulait me faire examiner en détail toutes les décorations de l'exèdre. De grâce, lui dis-je, suspendez pour un moment l'inventaire de ce palais ; depuis ce matin je compte des colonnes, j'examine des marbres, des bronzes, des peintures, laissez-moi considérer un instant ces hommes qui veulent devenir nos maîtres. — « Volon-« tiers, faisons encore le tour de la salle. » — Ce que j'admire le plus, ajoutai-je, est précisément ce qui ne vous touche guère ; c'est la politesse dont usent entre eux tant de gens de condition et de fortune diverses ; la gravité de leur maintien et de tout ce que j'entends est encore une chose qui me frappe. Si vous réunissiez autant de mes turbulents compatriotes, quel tumulte, grands dieux! Vous seriez étourdi de leurs cris, du bruit des armes, et l'assemblée ne se terminerait certainement point sans quelque rixe sanglante (1):

---

(1) Tacit., *de Morib. Germ.*, 22.

telles sont nos mœurs! « Sans doute, répon-
« dit notre ami, vos réunions journalières ne
« sauraient offrir l'apparence d'une telle ur-
« banité; mais aussi dans vos assemblées vous
« ne trouveriez ni un traître, ni un lâche,
« ni un impudique; vous les étouffez sous la
« claie (1). Tenez, voyez cet homme triste,
« maigre et pâle, qui s'arrête auprès des per-
« sonnes dont la conversation est la plus
« animée, qui ne prononce que des mono-
« syllabes, et dont les yeux sont toujours
« fixés vers la terre, ou tournés d'un air dis-
« trait vers le côté opposé à celui où il écoute;
« ce misérable a des yeux et des oreilles pour
« épier tout ce qui se fait ici (2); car les liai-
« sons de Scaurus avec un grand nombre de
« mauvais citoyens inquiètent les consuls. Ci-
« céron fut le premier qui employa ce moyen
« lors de la conjuration de Catilina; de-
« puis, cette race d'hommes s'est multipliée;
« elle acquiert de l'importance par la crainte

---

(1) Tacit., *de Morib. German.*, 12.
(2) Cicer., *de Catil.*, orat. 1.

« qu'elle inspire, et bientôt les délateurs dis-
« poseront à Rome de la vie et de la fortune
« des citoyens. Ah ! voilà l'aimable et volup-
« tueux Salluste, qui annonce de grands ta-
« lents comme écrivain, mais qui est trop
« détourné de ses travaux par l'ardeur de
« parvenir et l'amour des plaisirs (1). Il n'y
« a pas longtemps qu'il s'était attaché à
« Fausta, femme de Milon; ce dernier, l'ayant
« surpris dans un tête-à-tête, l'a fait battre
« de verges par ses gens comme un esclave,
« et lui a extorqué une bonne somme d'ar-
« gent (2).

« Ce groupe que vous voyez au milieu de
« l'exèdre mérite notre attention, c'est Mé-
« throdore qui rassemble ainsi la foule autour
« de lui ; il est à la fois peintre et philoso-
« phe (3). Le distinguez-vous auprès de cette
« table de marbre noir, sur laquelle il trace
« des figures géométriques ? Approchons, nous

---

(1) SALLUST., *Catil.* 3.

(2) AUL. GELL., lib. XVII, cap. 18.

(3) PLIN., lib. XXXV, cap. 11.

« lui ferons aussi quelques questions ; il y
« répondra selon sa coutume, par des figures
« et des emblèmes. » Chrysippe l'aborda avec
politesse ; ils se prirent la main, et notre ami
nous présenta à l'artiste philosophe. « Mon
« cher Méthrodore, lui dit-il, qu'est-ce que
« la vie ? » Celui-ci fit un point imperceptible
au milieu de la table noire, et l'effaça subitement d'un coup d'éponge. « Quel est le moyen
« d'être heureux ? Méthrodore traça un cer-
cle étroit autour de lui. Un jeune officier de
César, qui arrivait des Gaules, s'approcha, et
lui demanda ce que c'était que la gloire. Il
dessina un laurier dont la cime était battue
par la tempête, et le pied rongé par des reptiles. Un personnage à longue barbe, enveloppé d'un large manteau, et qui professe
à Rome les dogmes d'Épicure, lui dit d'un
air railleur : Toi qui te piques d'enseigner la
philosophie, apprends-nous du moins ce que
c'est ? Aussitôt il écrivit d'un côté de la table,
philosophie de Socrate ; de l'autre, *philosophie*
d'Épicure ; puis sous la première inscription
il traça un frein, et sous la seconde un petit

vieillard à cheval sur la chimère, et poursui-
vant des atomes. Cette épigramme fit naître
un rire universel. Chrysippe reprit la parole :
« Puisque vous êtes de la même école que
« Platon, pourriez-vous, cher Méthrodore,
« nous donner aussi la définition de l'homme?
« Mais souvenez-vous que nous ne voulons
« pas du coq de Diogène. » L'artiste sourit,
et composa sur le marbre noir une figure si
mobile, si compliquée, si bizarre, si inextri-
cable, que nous ne pûmes nous empêcher d'ap-
plaudir à l'ingénieuse et modeste allégorie du
philosophe, qui, loin de chercher à expliquer
ce que nous sommes, avouait que l'homme
est incompréhensible à lui-même. « Oh!
« puisque vous avez si bien défini l'homme, »
dit d'un ton léger un jeune chevalier vêtu
d'une manière efféminée et dont les vêtements exhalaient l'odeur des parfums de
Cosmus (1), « définissez aussi la femme ».
Soudain Méthrodore, avec une vivacité qui
semblait un peu passionnée, représenta un

---

(1) MART., lib. III, *Epigr.* 82.

piége couvert de fleurs; après quoi il salua gracieusement tout le monde, et se retira. J'étais ravi de cette nouvelle manière d'enseigner la philosophie, et je ne vis qu'avec peine s'éloigner l'aimable peintre. Nous nous promenâmes encore quelques moments dans l'exèdre; nous nous approchions de chaque groupe, mais il n'était question que de politique; c'était principalement le consulat brigué par César qui occupait et divisait les esprits. « La plupart des personnes qui se « promènent ici sont des familiers de Scau-« rus, nous dit notre ami; ils attendent son « retour. Quant à nous, il nous reste tant de « choses à voir, que nous ferons bien de ne « point perdre de temps; sortons, et conti-« nuons notre promenade dans ce palais. »

CHAPITRE XIII.

LE SACRARIUM.

« Pour reposer un peu votre attention, fati-
« guée du spectacle que vous venez d'obser-
« ver dans l'exèdre, nous allons visiter l'en-
« droit le plus retiré, le plus secret, le plus
« silencieux de la maison. Je vous ai déjà dit
« qu'indépendamment du laraire, Scaurus a,
« comme tous les gens aisés de Rome, une
« chapelle domestique, qu'on appelle *sacra-*
« *rium* (1); je vais vous y introduire. » Il
frappa à une petite porte incrustée d'ivoire (2):
un jeune garçon, vêtu d'une tunique courte (3) et préposé au service de ce lieu, où

---

(1) SUET., *in Tiber.*, 51; CICER., *in Verrem*, act. II,
lib. IV, 2.

(2) STAT., lib. I, *Silv.* 3, v. 35.

(3) HORAT., *Satyr.* 8, lib. II, v. 10.

il se tient habituellement (1), nous ouvrit;
ayant reconnu Chrysippe, qu'il avait ordre
de recevoir, il nous fit entrer dans une petite cour décorée de quelques colonnes (2);
les parois des murailles sont couvertes de
peintures représentant des divinités, en sorte
que dès le premier abord on est averti de la
sainteté de ce lieu (3); intérieurement, de
chaque côté de la porte, il y a deux bassins
d'eau lustrale de la forme la plus élégante (4).
Au centre de la cour on a dressé un autel
pour les sacrifices. Trois oies sacrées (5), que
Scaurus fait nourrir avec soin dans ce petit
sanctuaire, se mirent à pousser des cris ai-
gus en nous voyant, et voulurent nous empêcher d'avancer; elles nous attaquèrent avec
hardiesse; l'une déchirait la tunique de Chry-

_____

(1) Suet., *in Domit.*, 17.

(2) Voyez *Ruines de Pompéi*, pl. 2 de l'*Essai sur les
Habitations*, fig. 3, n° 10.

(3) Cicer., *in Verrem*, act. II, lib. IV, 3.

(4) Musée des *Studj* à Naples.

(5) Petron., *Satyric.*, cap. 31.

sippe, l'autre dénouait les cordons de mes souliers, tandis que la troisième mordait de son bec dentelé les jambes (1) de notre ami Cérialis le Gaulois , qui, en se défendant de son mieux, lui disait en sa langue : « Ah ! « maudit oiseau, tu reconnais donc toujours « les fils de Brennus ! Si les dieux t'avaient « fait muet, Cérialis ne serait jamais venu en « otage à Rome! » Enfin, le jeune custode nous débarrassa de ces importuns volatiles. Sont-ce encore des dieux comme les serpents de ce matin? dis-je à notre aimable conducteur. « Non , ces animaux-ci ne sont point « des divinités, mais seulement les inter- « prètes de la volonté des immortels ; on s'en « sert pour les présages , la république a aussi « des oies sacrées, dont l'entretien est confié « à la vigilance des censeurs (2). Mais, malgré « ces honneurs publics, on n'a pas grand « respect pour elles ; et l'on mange volontiers « à Rome ces augures emplumés, dont le

---

(1) Petron., *Satyric.*, cap. 31.

(2) Plut., *Quæst. Rom.*, 98 ; Plin., lib. X, cap. 22.

« foie surtout est un mets délicieux (1). »

Nous traversâmes la cour, et nous entrâmes dans une espèce de petit temple qui en occupe le fond ; sur le frontispice on lisait : A LA BONNE DÉESSE (2). Des marbres précieux, des ornements, des moulures dorées (3) et travaillées avec une délicatesse infinie, décorent cet édicule. On y voit aussi des lampes suspendues (4), dont chacune porte plusieurs mèches (5), et des statues d'un travail si parfait qu'elles charment non-seulement les connaisseurs, mais encore ceux qui, comme nous, ne sont point capables d'apprécier les beautés de l'art (6). La statue de la Bonne Déesse

---

(1) PLIN., lib. X, cap. 22.

(2) CICER., Orat., XXXIX, pro Mil.

(3) PLIN., lib. XXXIII, cap. 3. On appliquait l'or sur le marbre au moyen d'un blanc d'œuf. (Ibid.)

(4) PLIN., lib. XXXIV, cap. 3; Ant. ai Ercol., pl. 49, 50, 51, 52, etc.

(5) Cette sorte de lampe à plusieurs mèches se nommait polimyxos; MART., lib. XIV, Epigr. 39.

(6) CICER., in Verrem, act. II, lib. IV, 2.

occupe la niche du milieu ; de chaque côté
sont deux canéphores en bronze, par Poly-
clète (1), puis un Cupidon en marbre de Praxitèle (2); de l'autre part un Hercule en bronze,
ouvrage de Myron (3); et sur un piédestal
isolé, au milieu de la chapelle, est une statue en bois doré, représentant la Bonne Fortune (4). « C'est de toutes les divinités, dit
« Chrysippe, celle que Scaurus encense le
« plus volontiers. Cependant voici de chaque
« côté de la porte deux déités métaphysiques
« qu'il révère beaucoup, dit-on, et qu'il vient
« de placer publiquement au Capitole; c'est
« la Foi et l'Intelligence (5). Pour moi, ajouta-
« t-il, je n'ai dans mon sacrarium que trois
« statues, celle de Minerve, déesse des arts
« et de la sagesse, celle de la Fortune, qui

---

(1) Cicer., *in Verrem*, act. II, lib. IV, 3.

(2) *Ibid.*

(3) *Ibid.*

(4) *Ibid.*

(5) Cicer., *de Natur. Deor* , lib. II, 23.

« préside aux bons conseils (1) ; et la troi-
« sième, que j'y ai consacrée en mémoire de
« mes malheurs, représente la Pauvreté, mère
« des talents et de l'industrie. Scaurus sacrifie
« souvent en ce lieu-ci ; mais toutes les fois
« qu'il s'agit de fêter spécialement la Bonne
« Déesse, c'est l'affaire de Lollia, car les
« hommes ne peuvent assister à ces mys-
« tères : ils en sont éloignés (2) ; aussi cette
« religieuse matrone et ses femmes prennent-
« elles seules le soin d'orner l'autel et la sta-
« tue de la déesse de ces guirlandes (3) et de
« ces couronnes de fleurs (4) qui font un si
« agréable effet.

« Ces armoires renferment les objets et les
« papiers les plus précieux (5) de Scaurus,
« tels que les titres de la famille Æmilia (6) ;

---

(1) PLUT., *Vie de Thémist.*
(2) PLUT., *Quæst. Rom.*, XX.
(3) JUVEN., *Sat.* 12, v. 86.
(4) PLUT., *Quæst. Rom.*, XX.
(5) SUET., *in Tib.*
(6) Æmilius était le nom de famille de Scaurus.

« car ces archives que vous avez vues dans
« les armoires du tablinum ne contiennent
« que des pièces insignifiantes ; si elles avaient
« quelque intérêt, on ne les exposerait pas
« dans un endroit aussi public, aussi peu
« sûr ; d'ailleurs, ce mot d'archives, pris dans
« son ancienne acception, exprime plutôt la
« collection des images des ancêtres et des
« inscriptions honorifiques, que les papiers
« de famille. » Après avoir jeté un peu d'encens sur le feu sacré (1), nous saluâmes les dieux et nous sortimes en silence.

---

(1) ABNOB., IV, p. 133.

CHAPITRE XIV.

LA CUISINE ET SES DÉPENDANCES.

« Si vous étiez, mon cher Mérovir, conti-
« nua le jeune artiste grec, un homme comme
« ce Catius (1), que vous voyez causer là-bas
« familièrement avec le chef des cuisiniers,
« et que vous fissiez ainsi que lui un cours
« de philosophie gastronomique, je vous con-
« duirais dans la pièce la plus intéressante
« de la maison, selon quelques amis de Scau-
« rus; c'est la cuisine, où l'on prépare les
« splendides repas qu'il donne chaque jour (2).
« L'heure de commencer les apprêts du dî-
« ner est arrivée; ce lieu n'est plus aborda-
« ble. Au surplus, sa disposition est la même

---

(1) HORAT., *Satyr.* 4, lib. II.

(2) VARRO, *de Re rust.*, lib. I, cap. 13.

« que celle de ma petite cuisine, où vous
« accourûtes hier pour éteindre le feu que
« mon cuisinier maladroit avait mis à la che-
« minée en voulant rôtir des grives (1) ; vous
« vites comme la flamme, en se développant,
« menaçait déjà le toit (2) : aussi a-t-on soin
« d'éviter ordinairement les plafonds de bois
« dans ces pièces, de peur d'incendie (3).
« Celle de Scaurus est voûtée ; ses dimensions
« sont d'une grandeur démesurée, elle a 148
« pieds de longueur (4) ; et cela ne vous éton -

---

(1) Horat., *Satyr.* 5, lib. I.

(2) *Ibid.*

(3) Columel., *de Re rust.*, lib., I, cap. 6.

(4) Voici une inscription antique recueillie à Palestrine par M. Akerblad, dont les recherches en ce genre sont célèbres à juste titre. Cette inscription fait mention d'une cuisine de semblable grandeur :

M. SAVFEIVS. M. F. RVTILIVS
C. SAVFEIVS. C. F. FLACVS
CVLINAM. F. D. S. S. C. EISDEM
Q. LOCVM. EMERVNT. DE
L. TONDEIO. L. F. PVBLICVM
EST. LONGV. P. CXLVIIIS
LATVM. AF. MVRO. AD.
L. TONDEI. VORSV. P. XVI.

« nera pas en songeant quels festins il donne
« et combien il a d'hôtes, d'affranchis, d'es-
« claves à nourrir. Pour moi, dont le léger
« souper (1) est apprêté et servi par trois
« esclaves sur une pierre blanche, en vais-
« selle de Campanie (2), je n'ai pas besoin
« d'une aussi grande cuisine. Cependant si
« nos repas, mes chers hôtes, ne sont point
« splendides, du moins, grâce à vos aimables
« entretiens, ce sont de bons repas, selon
« la distinction que Lélius faisait entre les
« uns et les autres, car il n'appelait *bons* que
« les repas agréables et instructifs (3). Ici la
« cheminée (4) est, comme chez moi, élevée
« à hauteur d'appui (5), mais vaste, et cons-
« truite de manière à donner un dégage-

---

(1) Voyez la description que Martial fait de son souper, liv. V, épigr. 78.

(2) HORAT., *Satyr.* 6, lib. I.

(3) CICER., *de Finib.*, lib. II, 24, 25..

(4) *Caminus* et *fornax* sont synonymes, selon Isidore
(*Origin.*, lib. XIX, cap. 60).

(5) *Ruines de Pompéi.* Voyez la cheminée du temple
d'Isis, t. III.

« ment facile à la fumée; car en hiver une
« maison où il fume (1), quelque belle qu'elle
« soit d'ailleurs, est inhabitable, surtout
« si l'on brûle du bois vert ou de la ra-
« mée (2), et l'on ne saurait la tenir propre
« à cause de la suie qui s'attache aux vi-
« tres et aux ornements (3). C'est pour cela
« qu'on a soin d'allumer hors des portes les
« brasiers dont on se sert pour se chauffer,
« et de ne les introduire dans les apparte-
« ments que lorsque le charbon est bien
« pris (4). Quant à la décoration de la cui-
« sine, celle-ci, comme la mienne, a son ta-
« bleau, représentant un de ces sacrifices
« ridicules (5) que l'on fait à la déesse *For-*

---

(1) MART., lib. II, *Epigr.* 90.

(2) HORAT., *Satyr.* 5, lib. I, v. 79.

(3) VITRUV., lib. VII, cap. 3.

(4) PLUT., *Sympos.*, lib. VI, *quæst.* 7; *id., Apophth. R.*
XXVIII. On conserve au Musée royal de Naples plusieurs brasiers de bronze qui contiennent encore des char-
bons et de la cendre.

(5) LACTANT., lib. I, 20.

« *nax* (1). Ce tableau est entouré de pein-
« tures qui offrent l'image de toutes les vic-
« tuailles nécessaires pour un grand repas;
« des poissons prêts à cuire, des jambons,
« des sangliers préparés pour mettre à la
« broche, des oiseaux, des lièvres et une in-
« finité d'autres objets (2). J'ai renchéri sur
« toutes les recherches que les amateurs de
« cuisine emploient pour rendre les leurs
« propres et agréables, en faisant le pavé de
« celle-ci d'une composition particulière usi-
« tée en Grèce. Sa recette peut vous être utile,
« si vous retournez jamais dans votre pays.
« Après avoir creusé environ deux pieds et
« bien battu la terre, j'ai établi sur ce sol
« une aire en briques pilées, inclinée de ma-
« nière à donner aux eaux un écoulement
« facile vers un canal pratiqué exprès. Sur
« cette aire, j'ai étendu un lit de charbon
« fortement battu, et par-dessus une troi-
« sième couche, haute d'un demi-pied, d'un

---

(1) Ovin., *Fast.*, II, 525.
(2) *Ruines de Pompéi*, t. II.

« ciment composé de chaux, de sable et de
« charbon pilé ou de cendre chaude ; puis
« j'ai fait polir cet enduit avec la pierre ponce.
« Cela produit un pavé d'un beau noir, qui a
« cette propriété particulière que l'eau qui y
« tombe est absorbée sur-le-champ ; en sorte
« que le sol de cette cuisine est toujours sec,
« et que les personnes qui s'y tiennent ne
« ressentent jamais de froid aux pieds, quoi-
« qu'elles soient pieds nus (1). Apercevez-
« vous d'ici cette foule d'esclaves (2) qui s'a-
« gitent en tous sens autour des tables et des
« fourneaux ? Remarquez qu'il n'y a point de
« femmes, selon l'ancien usage romain, qui
« les exclut de la cuisine (3). Ah ! voici les
« chasseurs de Scaurus qui reviennent de la

---

(1) Vitruv., lib. VII, cap. 4.

(2) Voici à peu près la liste des esclaves employés à
la cuisine : *Archimagirus*, maître d'hôtel ; *Supracoquos*,
chef de cuisine ; *Offarii* et *Coqui*, cuisiniers ; *Focarii*,
feutiers ; *Mediastini*, valets de cuisine, etc. Indépendamment, il y avait encore les officiers d'office et de boulangerie. (Pignor., *de Serv.*, 44.)

(3) Plut., *Quæst. Rom.*, 85.

« campagne ; le premier (1) ne chasse que la
« grosse bête ; vous voyez qu'en effet ses va-
« lets de vénerie le suivent chargés de san-
« gliers et de chevreuils. Le second est l'oi-
« seleur (2); bon, il apporte des grives, des
« becfigues, que nous mangerons à dîner;
« quant à ces cailles qu'il tient dans un filet,
« nous n'en goûterons point; car les Romains
« ont de la répugnance pour ce délicieux
« manger (3) : ces innocents animaux sont
« destinés à combattre entre eux. Je vous ai
« déjà dit que Scaurus est passionné pour les
« combats de ces petits gladiateurs ailés.

« Auprès de la cuisine il y a encore d'autres
« dépendances, telles que l'*olearium*, où l'on
« conserve l'huile dans de grands *dolia*, vases
« de terre cuite, de quatre pieds de dia-
« mètre (4). L'*horreum* (5), où l'on garde

---

(1) *Venator.* (Pictor., *de Serv.*, 46.)

(2) *Auceps.* (*Ibid.*; Horat., *Sat.* 3, lib. II, 227.)

(3) Plin., lib. X, cap. 23.

(4) Vitruv., lib. VI, cap. 9.

(5) Plin. Jun., lib. II, *Epist.* 17.

« quantité de choses, telles que des provisions
« d'hiver, du miel, des fruits, des raisins
« secs (1), des viandes salées (2), et générale-
« ment tout l'approvisionnement nécessaire à
« une grande maison. Ces divers dépôts sont
« sous la surveillance d'un garde-magasin
« appelé *promus-condus* (3), qui tient compte
« de toutes les denrées et comestibles qui s'y
« trouvent, et les délivre aux domestiques
« selon le besoin du service. L'intendant de la
« bouche (4) a soin d'entretenir l'abondance
« dans ces cantines et ces celliers : leur éten-
« due et la quantité d'approvisionnements
« qu'ils contiennent en font de véritables ma-
« gasins. Du côté du nord sont les *cellæ vi-*
« *nariæ* (5), où l'on conserve les vins de toute
« espèce, qui, selon certains plaisants, comp-
« tent plus de consulats que les ancêtres de

(1) Plin., lib. XIV, cap. 1.
(2) Plin., lib. XXXI, cap. 7.
(3) Pignor., *de Serv.*, 46.
(4) *Procurator peni* (Pignor. *de Serv.* 46).
(5) Plin., lib. XIV, cap. 14, 21 ; Columel., lib. XII,
cap. 28; Vitruv., lib. I, cap. 4, — VI, cap. 9.

« Scaurus n'en ont vu à eux tous. Ces caves
« tirent le jour du côté du septentrion et du
« levant équinoxial (1). Cette exposition est
« choisie de préférence, afin que les rayons
« solaires ne puissent, en échauffant le vin,
« le troubler et l'affaiblir (2). On évite qu'il
« n'y ait près de cet endroit ni fumier, ni ra-
« cines d'arbre, ni aucune chose fétide (3).
« On en éloigne aussi les bains, les fours, les
« égouts, les citernes, les réservoirs (4), dans
« la crainte que leur voisinage n'altère le goût
« du vin, en lui communiquant une mauvaise
« odeur. Scaurus, qui a plus de soin de sa
« cave que de sa réputation, fréquente vo-
« lontiers les hommes les plus corrompus de
« Rome; mais il ne souffrirait pas que rien
« de ce qui peut corrompre son vin approchât
« des murs de son cellier. Il pensa une fois

---

(1) Plin., lib. XIV, cap. 21 ; Colum., lib. XII, cap. 28;
Pallad., lib. I, cap. 18; Vitruv., lib. I, cap. 4, lib. VI,
cap. 9.

(2) Vitruv., lib. VI., cap. 9.

(3) *Ibid.*

(4) Columel., lib. I, cap. 6.

« faire divorce avec sa femme parce qu'elle
« avait visité cet endroit dans un moment où
« elle était indisposée comme les femmes ont
« coutume de l'être, ce qui pouvait, selon lui,
« faire aigrir ses vins (1) précieux. Il porte si
« loin l'attention à cet égard, qu'il fait par-
« fumer avec de la myrrhe non-seulement les
« vases, pour donner bon goût au vin (2),
« mais même le local en entier (3).

« La cave de Scaurus est renommée ; il est
« parvenu à y rassembler trois cent mille am-
« phores (4) de presque toutes les sortes de
« vins connus ; il en a cent quatre-vingt-quinze
« espèces différentes (5), qu'il soigne d'une
« manière particulière : rien n'est négligé, la
« forme des vases a été soumise à de certaines
« observations ; et les amphores trop ventrues
« y sont proscrites (6).

---

(1) PLIN., lib. VII, cap. 15.
(2) *Id.*, lib. XIV, cap. 13.
(3) *Ibid.*, cap. 21.
(4) HORAT., *Satyr.* 3, lib. II.
(5) PLIN., lib. XIV, cap. 22.
(6) *Ibid.*, cap. 21.

« Au-dessus des caves, ou plutôt des cel-
« liers, sont les magasins pour les provisions,
« recevant aussi la lumière du septentrion,
« afin que le soleil ne puisse, en y pénétrant,
« faire éclore les insectes qui dévorent les
« grains (1).

« Dans la cour qui fait pendant à celle-ci,
« je vais vous montrer une autre dépendance
« essentielle, c'est le *pistrinum*, ou boulangerie.
« C'est là qu'on broie le blé, pour en faire de
« la farine, au moyen de petits moulins de
« pierre (2) tournés les uns par des ânes (3),
« les autres par des esclaves condamnés à ce
« travail, en punition de quelque faute grave (4).
« Jetez les yeux vers le fond de la cour; on
« ouvre le pistrinum pour y faire entrer quel-
« ques mules chargées de sacs : voyez-vous
« d'ici ces hommes maigres et couverts de

---

(1) Vitruv., lib. VI, cap. 9.

(2) *Ruines de Pompéi*, tom. II, pl. 18.

(3) Apul., *Metamorph.*, VIII, p. 277; *Evang. S. Math.*,
cap. 18, 6; *Ruines de Pompéi*, t. II, pl. 18, 19.

(4) Terent., *Andr.*, act. I, sc. 11, v. 28.

« haillons? Leur dos est écorché et meurtri
« par les fouets; leurs cheveux rasés laissent
« voir les lettres dont leur front est marqué,
« et leurs jambes sont chargées de fers (1).
« Quelques-uns d'entre eux, plus criminels
« que les autres, ont été privés de la vue (2)
« et travaillent enchaînés (3). Distinguez-vous
« aussi des femmes (4) qui tournent la meule
« en chantant (5)? Les boulangers publics
« tiennent de même chez eux des femmes
« qu'ils font travailler au moulin, et qu'ils
« prostituent, pour quelques petites pièces de
« monnaie, aux esclaves qui viennent chercher
« de la farine (6).

« C'est aussi dans le *pistrinum* que sont les
« fours où l'on cuit le pain qui se consomme

---

(1) APUL., *Metamorph.*, VIII, 279.

(2) SULPIT. SEVER., *Hist. eccl.*, I, 52.

(3) PLIN., lib. XVIII, cap. 2.

(4) *Evang. S. Luc.*, cap 17, v. 35.

(5) PLUT., *Banquet des sept Sages*, XLV.

(6) PAUL. DIACON., XIII, 2.

« dans la maison (1). Ce bâtiment, étant ex-
« posé à devenir facilement la proie des flam-
« mes, à cause des feux violents que l'on est
« obligé d'y allumer chaque jour, est isolé du
« reste de l'habitation (2), pour laquelle il
« serait un voisin dangereux si la communi-
« cation n'était point interceptée par ce *me-*
« *saulon* (3), ou petite cour, dont il est comme
« entouré. Vers la gauche, vous découvrez l'*er-*
« *gastulum*, ou logement des esclaves, qui ren-
« ferme un *valetudinarium* (4), où l'on soigne
« ceux d'entre eux qui tombent malades. »

Pendant que Chrysippe nous donnait ces
derniers détails, je considérais un jambon d'une
dimension plus qu'ordinaire, suspendu à l'un
des montants d'une vaste fenêtre, qui donnait
du jour au vestibule de la cuisine, près duquel

---

(1) Pour les détails du four, voyez *Ruines de Pom-
pëi*, t. II, pl. 18, 19, et page 60.

(2) Vitruv., lib. VI, cap. 9.

(3) *Ibid.*, cap. 10.

(4) Senec., *de Ira*, lib. I, cap. 16; Columell., *de Re
rust.*, lib. II, cap. 1.

nous étions arrêtés. Chrysippe, apercevant
l'objet qui fixait mon attention, fit un grand
éclat de rire. « Ce jambon-ci, dit-il, ne vient
« ni des Gaules, ni d'Espagne (1); il serait
« même un peu dur à cuire, car il est de
« bronze. Examinez-le attentivement, c'est un
« cadran solaire ; la queue sert de style, et les
« lignes qui indiquent les heures sont tracées
« en filets d'or sur la couenne (2). Voilà à
« quelles gentillesses Scaurus exerce son ima-
« gination dans ses moments de loisir ! Si vous
« ne vous fussiez pas éloigné si promptement
« du *venereum*, vous eussiez remarqué une
« autre horloge solaire, d'une composition
« aussi grotesque et moins décente ; là, c'est
« le dieu des jardins qui compte les heures
« consacrées à Vénus. Ce cadran-ci sert à ré-
« gler les opérations de la cuisine ; et lorsque
« le temps est couvert, on se sert de *clepsy-*

---

(1) MART., lib. XIII, *Epigr.* 31; VARRO, *de Re rust.*,
cap. 4.

(2) *Mus. Ercol.*, t. III, p. 6.

« *dres*, qui laissent échapper goutte à goutte
« l'eau qu'ils contiennent, et durent l'espace
« de quatre heures (1). »

---

(1) Mart., lib. VI, *Epigr*. 35.

CHAPITRE XV.

ESCALIERS, ÉTAGES SUPÉRIEURS, SOLARIUM.

« Pour varier notre promenade, dit notre
« ami, je veux vous conduire sur les terrasses
« supérieures, afin de vous montrer, à vue
« d'oiseau, la masse générale de ce palais et
« une partie de la ville de Rome. Vous sai-
« sirez ainsi l'ensemble de cet édifice ; vous
« aurez une idée de l'espace immense qu'il
« occupe sur la terre et dans les airs (1) ; et
« vous pourrez le comparer pour l'étendue et
« l'aspect avec un grand nombre d'habitations
« qui vont s'offrir de tous côtés à vos re-
« gards.

« Les escaliers qui conduisent aux apparte-
« ments du premier et du second étage sont

---

(1) STAT., lib. IV, Silv. 2, v. 24.

« distribués dans différentes parties de la mai-
« son, selon que la nécessité l'a exigé. Il n'y
« a point d'escalier principal (1), parce que,
« toutes les grandes distributions publiques
« ou privées étant au rez-de-chaussée, les
« étages supérieurs ne contiennent que des
« annexes aux appartements d'en bas, quel-
« ques pièces pour l'hiver (2), ou des loge-
« ments pour les affranchis, les esclaves et
« les familiers de la maison. Ces escaliers,
« dont quelques-uns sont en bois (3), n'offrent
« pas tous le même degré de commodité (4);

---

(1) Voyez tous les plans de maisons publiés dans le
tome II des *Ruines de Pompéi*, et BELLOR., *Fragm. veter.
Rom.*

(2) PLIN. JUN., lib. II, *Epist.* 17.

(3) A Pompéi, à Herculanum, au temple de Sérapis
et dans différentes ruines antiques, j'ai observé que presque tous les escaliers intérieurs n'avaient que les premières marches en pierre, les autres étaient de bois;
c'est une des causes qui rendaient les incendies si fré-
quents et si funestes à Rome.

(4) Les escaliers de Pompéi, et ceux dont j'ai mesuré
l'inclinaison au temple de Sérapis à Pouzzole, sont d'une
rapidité tout à fait incommode et dangereuse.

« il en est de si rapides, de si embarrassés
« dans leur développement, que c'est presque
. « un tour de force d'y passer sans trébucher.
« Les Romains négligent trop cette partie.
« Pour moi, j'y apporte un grand soin, et j'ai
« adopté pour leur construction un principe
« géométrique déduit de la fameuse décou-
« verte de Pythagore (1). Je commence par
« abaisser une perpendiculaire du point de
« l'étage supérieur où je veux atteindre, jus-
« que sur le sol d'où je dois m'élever. Je di-
« vise cette perpendiculaire en trois parties ;
« puis, à partir du pied de la perpendiculaire,
« je reporte sur le sol quatre de ces mêmes
« parties ; de l'extrémité de la dernière, je tire
« une ligne au point d'où j'ai abaissé la per-
« pendiculaire ; cette dernière ligne me donne
« l'inclinaison de l'escalier (2), qui est telle
« que la largeur de chaque marche est à sa
« hauteur comme quatre est à trois ; ce rap-
« port est suffisant pour les escaliers des ha-

_____

(1) La démonstration du carré de l'hypothénuse.

(2) Vitruv., lib. IX, cap. 2.

« bitations : dans les temples , la largeur de
« chaque marche doit être double de sa
« hauteur (1).

« Mais montons par ici ; cet escalier conduit
« jusqu'au haut de la maison, et c'est le
« plus spacieux qu'elle renferme. Je ne vous
« propose point d'entrer dans ces divers
« étages, je vous ai déjà dit qu'ils ne sont
« composés que de pièces supplémentaires
« aux appartements de rez-de-chaussée, ou
« de logements parti culiers , ce qui les rend
« peu intéressants ; d'ailleurs les voûtes et les
« plafonds élevés des *œci* , de l'exèdre, de la
« *pinacotheca* et des autres grandes pièces,
« prennent sur ces étages, et en interrompent
« la communication. Continuons donc : allons
« voir le *solarium*. Nous avons déjà monté
« deux cents marches (2). Encore un peu de
« courage. Nous y voici.

---

(1) Vitruv., lib. III, cap. 3. Cette règle n'est observée
ni aux temples de Pestum, ni à ceux de Rome dont on a
découvert les degrés.

(2) Mart., lib. VII, *Epigr.* 18, v. 20.

« Venez vous reposer, mon cher Mérovir,
« car vous devez être las : asseyez-vous auprès
« de moi sur ce banc. » — Chrysippe, lui
'dis-je, vous nous conduisez d'enchantement
en enchantement, et vous réalisez pour moi
toutes ces fables dont les vieilles Gauloises
amusent notre enfance ; en vérité leurs fées
n'ont jamais rien produit de pareil ! Quelle
surprise ne doivent pas nous causer ces arbres, ces fleurs, cette verdure, placés ainsi
dans les airs ! Sommes-nous au milieu des bosquets suspendus de Babylone (1), ou nous
auriez-vous transportés vivants au sein de
ces jardins célestes que les braves doivent
habiter après leur mort? « Je voudrais, me
« répondit-il, avoir la puissance d'opérer de
« pareils prodiges ! Mais si les dieux m'ont
« refusé le pouvoir de vous faire voyager ainsi
« de Rome en Asie, et de vous conduire dans
« l'Élysée, ils m'ont du moins accordé l'art
« d'exécuter, avec leur aide, tout ce qui vous
« étonne ici ; car c'est moi qui ai construit et

---

(1) Plin., lib. XIX, cap. 3 ; Diod. Sic., lib. II.

« décoré cette terrasse, que Scaurus affectionne
« beaucoup.

« Les passions, les habitudes corrompues
« nous attachent aux délices de la ville; mais
« elles ne sauraient étouffer entièrement ce
« goût inné des champs, que la nature semble
« laisser exprès au fond du cœur de l'homme,
« comme un vague souvenir de sa première
« innocence et de son ancien bonheur, afin
« de le ramener par cet instinct salutaire aux
« plaisirs purs et doux de l'existence cham-
« pètre, qui seule peut nous offrir l'indépen-
« dance et la paix. Aussi le citadin cherche-
« t-il à rassembler autour de lui tout ce qui
« peut lui retracer l'image des campagnes
« d'où il s'est exilé lui-même : il peint sur les
« parois de ses appartements des feuillages
« verdoyants et des paysages animés; la soie,
« l'or, l'argent ornent ses meubles, ses vête-
« ments, ses tapis de dessins empruntés à
« Flore; point de fêtes sans fleurs, sans ver-
« dure; il pare son logis et les temples des
« dieux de guirlandes et de couronnes; enfin,
« si cet homme qui dédaigne les forêts, les

« prairies émaillées, la vaste étendue des cam-
« pagnes, peut dans l'enceinte de sa maison
« dérober à ses besoins multipliés quelques
« pieds de terrain, il y plante, il y cultive
« avec joie une fleur, un arbuste, devenus
« pour lui une espèce de trésor ; et même, si
« ses richesses le lui permettent, il trans-
« portera les bois d'Aricie au milieu des colon-
« nades de marbre (1). C'est donc cet attrait
« invincible de la campagne qui a donné
« naissance à ces terrasses, à ces jardins sus-
« pendus, où vers les dernières heures du
« jour l'on vient, comme pour échapper à la
« ville, respirer le parfum des fleurs, jouir
« de la brise du soir, admirer les beaux
« points de vue qui s'offrent ici de toutes
« parts (2), et contempler enfin toutes les
« magnificences de l'horizon romain, éclairées
« par ces pompeux couchers de soleil dont
« l'éclat est, dit-on, inconnu à vos contrées
« septentrionales.

---

(1) Horat., *Epist.* 10, lib. I.

(2) Vitruv., lib. II, cap. 8 ; Plin., lib. XXXV, cap. 14.

« Dans les premiers temps on ne connais-
« sait point à Rome cette manière de couvrir
« les édifices ; les murs étaient faibles, les mai-
« sons étaient basses, et ne pouvaient sup-
« porter que les toits de tuiles ou d'ar-
« doises (1). Mais lorsqu'on eut commencé à
« élever des murs de pierres de taille, on ex-
« haussa davantage les habitations, et l'on se
« plut à les terminer par une terrasse (2). »
— Permettez-moi de vous demander, lui dis-
je, comment vous avez pu obtenir, à une si
grande élévation, une aire aussi unie, aussi
compacte, aussi indestructible ; car on croirait plutôt marcher sur la surface d'un roc
aplani que sur un sol artificiel.

« L'établissement d'une semblable terrasse,
« me répondit-il, demande beaucoup de soin.
« D'abord, j'ai apporté une grande attention
« au choix du bois de charpente ; quoiqu'on
« emploie souvent le robur (3) et l'olivier,

---

(1) PLIN., lib. XXXV, cap. 14.
(2) VITRUV., lib. II, cap. 8.
(3) Espèce de chêne.

« je les ai rejetés, parce qu'ils se tourmen-
« tent et ploient sous le fardeau (1). L'es-
« culus (2), qui est d'un grand usage à Rome,
« a le défaut de se pourrir facilement à l'hu-
« midité (3), aussi l'ai-je proscrit ; enfin, le
« pin est sujet à se fendre (4), et, comme
« tous les bois résineux, il s'enflamme avec
« une telle facilité, qu'on ne saurait trop
« éviter de s'en servir. Le bois que j'ai pré-
« féré paraît pour la première fois sur les
« bords du Tibre (5). C'est le *larix,* qu'on
« ne trouve que sur les rives du *Pó* (6) et
« dans la Rhétie (7). Ce bois est presque in-

---

(1) PLIN., lib. XVI, cap. 42.

(2) Autre espèce de chêne.

(3) VITRUV., lib. II, cap. 9.

(4) *Ibid.*

(5) *Ibid.* Vitruve dit positivement que le *larix* n'était point en usage à Rome ; mais il dut y être plus commun depuis, car Pline nous apprend que Tibère fit bâtir le pont des Naumachies avec du *larix* (lib. XVI, cap. 39).

(6) VITRUV., lib. II, cap. 9.

(7) PLIN., lib. XVI, cap. 39.

« combustible (1) ; il ne surnage pas, et ne
« pourrit point dans l'eau (2). J'ai apporté
« une grande attention à sa coupe ; car ce
« n'est pas une chose indifférente que l'épo-
« que à laquelle les arbres doivent être cou-
« pés ; il ne faut les abattre qu'après qu'ils
« ont porté leur fruit et avant qu'ils entrent
« en sève, c'est-à-dire depuis le solstice d'hi-
« ver jusqu'au 8 de février (3). L'observation
« des phases de la lune est même d'une
« grande importance dans la coupe des bois ;
« on n'y porte la hache que depuis le 20ᵉ
« jour de la lune jusqu'au 3oᵉ. Ceux-ci ont
« été abattus durant la conjonction de cet
« astre avec le soleil ; c'est le meilleur mo-
« ment (4). Je suis si scrupuleux sur ces pra-
« tiques, qui nous ont été transmises par
« l'expérience des anciens, que je refuserais
« des bois que l'on aurait équarris lorsqu'ils

---

(1) Vitruv., lib. II, cap. 9.

(2) Plin., lib. XVI, cap. 40.

(3) Vitruv. et Plin., *ibid.*

(4) Plin., *ibid.*; Cat., *de Re rust.*, cap. 32.

« étaient chargés de gelée blanche ou de ro-
« sée (1). A ces précautions j'ai ajouté celle
« de choisir les plus gros arbres, afin de
« pouvoir les dépouiller tellement de leur
« aubier qu'il ne reste pour ainsi dire que le
« cœur du bois; aussi toutes les pièces de
« charpente dont je me suis servi ici sont-
« elles de la plus grande dimension. Vous
« pourrez même voir sur les bords du fleuve,
« au pied de l'Aventin, deux poutres desti-
« nées pour ce palais, et que je n'ai pu em-
« ployer à cause de leur grandeur extraordi-
« naire; l'une a cent vingt pieds de long (2),
« sur deux pieds d'équarrissage en tous sens ;
« l'autre cent pieds seulement et un pied et
« demi sur chaque face (3). Scaurus, par un
« mouvement de vanité, voulait que j'en fisse
« usage ; j'ai mieux aimé soigner ses intérêts
« que satisfaire sa passion ; et je lui ai per-
« suadé de les céder aux entrepreneurs des

---

(1) CAT., *de Re rust.*, cap. 31 et 37.

(2) Environ 90 pieds de Paris.

(3) PLIN., lib. XVI, cap. 40.

« travaux publics, en échange de deux mâts
« de galère, estimés chacun 80,000 ses-
« terces (1); mais revenons à la construction
« de cette terrasse.

« La charpente qui la soutient est donc en
« bois de larix. Après avoir veillé à ce qu'elle
« fût assemblée avec soin, j'y ai établi un
« plancher bien cloué, en faisant attention
« qu'on ne mêlat aucune planche de chêne
« aux planches de hêtre dont il est formé;
« car les premières sont sujettes à se tor-
« dre (2), et peuvent faire crever l'enduit
« qu'elles seraient destinées à supporter. Sur
« ce plancher j'ai fait mettre une litière de
« fougère et de paille, pour que le contact
« immédiat de la chaux ne détoriât pas la
« charpente (3), et par-dessus un lit de pierres
« ponces de la grosseur du poing (4). Ces
« pierres servent de fondation à la terrasse,

---

(1) Environ 16,000 fr.
(2) Vitruv., lib. VII, cap. 1.
(3) *Ibid.*
(4) *Ibid.*

« elles sont recouvertes d'une première cou-
« che de mortier, haute de près d'un pied (1),
« et faite de trois parties de décombres pul-
« vérisés et d'une partie de chaux (2). Cette
« couche, bien battue et dressée selon la
« pente nécessaire pour l'écoulement des
« eaux, a été recouverte par un autre enduit
« de six doigts d'épaisseur, formé de trois
« parties de tessons concassés et d'une partie
« de chaux (3); enfin, sur cet enduit on a
« placé les pavés de briques, de marbre et
« de mosaïque (4), qui forment le sol de
« cette terrasse.

· « Des encaissements profonds, remplis de
« terre, et qui portent d'aplomb sur les gros
« murs, pour éviter que leur poids ne fa-
« tigue la charpente, nourrissent des plantes
« rares, des fleurs et les jeunes vignes, di-
« rigées avec art (5), dont ces berceaux sont

(1) Vitruv., lib. VII, cap. 1.
(2) *Ibid.*
(3) *Ibid.*
(4) *Ibid.*
(5) Plin., lib. XIV, cap. 1.

« couverts ; les treilles qui ombragent ordi-
« nairement les terrasses leur ont fait don-
« ner le nom de *pergulæ* (1); comme on y
« mange quelquefois, on les nomme aussi
« *cœnacula* (2); cependant elles sont plus
« généralement appelées *solaria* (3), parce
« que ce lieu est ouvert à l'air et au soleil (4).
« J'ai aussi ménagé en différents endroits
« de ce *solarium* des volières spacieuses, où
« voltigent de nombreux oiseaux, originaires
« de différents pays, mais dont la plupart
« ont eu leur prison pour berceau (5). Leurs
« chants continus et variés se mêlent au
« murmure de la brise et des eaux qui jail-
« lissent ici de toutes parts, et remplissent
« ce jardin aérien de bruits charmants.

---

(1) TERTUL., *adv. Valent.*, cap. 7.

(2) FESTUS, *de Verb. signific.*, 262; ·ISID., *Origin.*,
lib. XV, cap. 3; POLLUX, *Onomast.*, lib. I, cap. 8; VARR.,
de Ling. lat., cap. 27.

(3) POLLUX, *ibid.*; VARR., *ibid.*

(4) ISIDOR., *Origin.*, lib. XV, cap. 3.

(5) CLAUD. RUTIL. NUMAT., *Itiner.*, lib. I, p. 3, v. 96.

« Ces petites fontaines et ce bassin orné
« d'un jet d'eau (1) fournissent abondamment
« à l'arrosement des plantes et des arbustes.
« L'eau est élevée jusque ici par le moyen de
« pompes pneumatiques (2), que j'ai fait
« exécuter d'après la description que Ctési-
« bius nous en a laissée dans son excellent
« ouvrage sur l'hydraulique (3) ; et, après
« avoir servi à l'embellissement de ce jardin,
« elle se rend dans des réservoirs disposés
« autour de la maison (4), afin de fournir
« facilement des moyens de secours contre
« les incendies aux esclaves chargés de veil-
« ler jour et nuit à la sûreté de ce vaste
« palais (5).

« Mais c'est assez nous occuper de détails
« qui n'ont peut-être pas infiniment d'intérêt
« pour vous ; je veux vous montrer mainte-

---

(1) *Ruines de Pompéi*, tom. II.

(2) Plin., lib. XIX, cap. 4 ; Senec., *Epist.* XC.

(3) Vitruv., lib. X, cap. 12 ; Plin., lib. VII, cap. 37.

(4) Juven., *Satyr.* 14, v. 305.

(5) *Ibid.*, v. 306.

« nant un tableau fait pour vous laisser un
« souvenir éternel ; sortons de ce cabinet de
« verdure. Voilà Rome...... » Quel spectacle
imposant ! m'écriai-je. La voilà donc cette
Rome dont le nom fatal menace notre liberté (1) jusqu'au fond de nos forêts ! « Ajou-
« tez, reprit vivement Chrysippe, cette ville
« qui, dans sa grandeur inconcevable, sem-
« ble née pour rassembler les empires épars,
« rapprocher les peuples éloignés, et deve-
« nir ainsi la mère commune de toutes les
« nations (2). Car, continua-t-il en poussant
« un soupir, il y a dans les destinées de
« Rome quelque chose de grand et de mys-
« térieux qui semble lui promettre l'empire
« de la terre. » En parlant ainsi, il me prit
par la main ; et, m'ayant fait approcher de
la balustrade, il commença à me nommer
successivement les principaux monuments et
les lieux que nous apercevions autour de
nous. « La colline sur laquelle est situé ce

---

(1) Tib., lib. II, *Eleg.* 5, v. 59.
(2) Plin., lib. III, cap. 5.

« palais est le mont Cœlius. Vous voyez de-
« vant vous l'Aventin, qui fut le berceau de
« Romulus; à droite le Palatin, la merveille
« de Rome; et au delà le Capitole, qui doit
« en être éternellement la gloire. Remarquez
« combien l'aspect de la ville s'agrandit en
« la regardant ainsi d'un endroit élevé. Au
« lieu de ces rues tortueuses (1), de ces
« places étroites, encombrées de bâtiments
« de toutes espèces (2), où l'œil ne peut saisir
« ni l'ensemble ni l'étendue d'aucune dispo-
« sition, d'aucun édifice, vous embrassez ici
« d'un regard une grande partie de Rome.
« Voyez ces terrasses couvertes de ver-
« dure (3); ces toits formés de dalles de
« pierres tendres de diverses couleurs, qui,
« par la manière dont elles sont posées, imi-

***

(1) Tacit., *Annal.*, lib. XV, 52.

(2) Les Romains dans les premiers temps ne s'occu-
pèrent que de l'utilité dans les travaux publics : ce ne
fut que sous les empereurs qu'ils s'appliquèrent à leur
donner de la magnificence par la régularité des dispositions (Strab., lib. V).

(3) Claud. Rut. Numat., *Itiner.*, lib. I, p. 3, v. 96.

« tent le plumage du paon (1). Tournez vos
« regards vers le Capitole, dont le mont
« Palatin nous cache une partie : de quel
« éclat brillent les faites dorés de ses édi-
« fices (2)! De ce côté-ci, sous vos pieds,
« vous apercevez le grand cirque, entouré de
« boutiques (3), où afflue la foule des ven-
« deurs et des acheteurs, et vers l'extrémité
« inférieure de son enceinte vous distingue-
« rez le *Forum Boarium*, le temple de la
« déesse Vesta, les rives du Tibre ; et enfin
« le Janicule, couvert de jardins somptueux,
« vient terminer le tableau d'une manière
« agréable.

« Mais je ne sais ce qui doit le plus attirer
« notre admiration, ou ces temples éblouis-
« sants sur lesquels la vue n'ose se reposer (4),
« ou ces vastes portiques, formés d'innom-

---

(1) Plin., lib. XXXVI, cap. 22.

(2) Plin., lib. XXXIII, cap. 3.

(3) Dionys. Halicarn., lib. III.

(4) Claud. Rut. Numat., *Itiner.*, lib. 1, v. 95.

« brables colonnes (1), ou les palais qui cou-
« vrent ces collines, et qui effacent par l'é-
« clat de leur décoration les monuments éle-
« vés aux dieux de la patrie? Voici, sur le
« mont Cœlius, la maison de Mamurra, in-
« génieur de César, qu'il a suivi dans les
« Gaules (2). » — Par les dieux! m'écriai-je,
c'est le plus avide brigand que Rome ait vomi
sur le territoire de nos alliés (3); et si jamais
le sort de la guerre le fait tomber entre mes
mains, je lui ferai boire de l'or comme Mithridate à Aquilius (4). — « Ses rapines, con-
« tinua notre ami, lui ont procuré de grandes
« richesses (5), dont il a employé une partie
« à élever cette somptueuse habitation, toute
« revêtue de marbre. C'est le premier exem-
« ple d'un tel excès de prodigalité (6). Ici,

---

(1) STAT., lib. III, *Silv.* V, v. 90.

(2) PLIN , lib. XXXVI, cap. 6.

(3) *Ibid.*; et CATUL., *Epigr. in Cæs.*, v. 3.

(4) PLIN., lib. XXXIII, cap. 3; PLUT., *Vie de Marius.*

(5) CICER., *ad Attic.*, lib. VII, epist. 7.

(6 PLIN., lib. XXXVI, cap. 6.

« sur le mont Palatin, voilà la maison de
« Lucius Crassus. Elle n'est pas comparable
« à celles qui l'entourent; cependant, lors-
« qu'elle fut élevée, il y a une trentaine
« d'années, elle parut tellement délicieuse,
« qu'elle valut à son possesseur le sobriquet
« de Vénus Palatine (1). Le luxe a fait de
« grands progrès depuis cette époque : vous
« pouvez en juger en considérant la maison
« voisine, qui est celle de Clodius. Il l'a
« payée quinze millions de sesterces (2). » —
Permettez-moi, lui dis-je en l'interrompant,
de vous proposer un problème dont la solu-
tion, curieuse pour l'histoire de Rome, inté-
resse peut-être aussi sa destinée. Je voudrais
savoir combien le domaine champêtre d'un
de vos anciens triomphateurs pourrait être
contenu de fois dans le palais (3) d'un factieux comme Clodius, ou d'un inutile comme
Scaurus? — « Quand vous proposerez publi-

---

(1) Plin., lib. XXXVI, cap. 3.
(2) Environ 2,960,000 fr.
(3) Plin., lib. XXXVI, cap. 15.

« quement votre problème, répondit en riant
« Chrysippe, j'y joindrai une question du
« même genre : je demanderai combien de
« ces palais resteraient debout si, selon la
« rigueur des anciennes lois, on démolissait
« la demeure des citoyens funestes à la répu-
« blique (1)? Mais à quoi servent nos sarcas-
« mes? à quoi serviraient même les leçons
« de la sagesse? La corruption et le luxe des
« bâtiments sont à leur comble. Autrefois on
« bâtissait pour satisfaire à l'utilité, la raison
« servait de guide; aujourd'hui on obéit à
« une espèce de délire, qui égare les meil-
« leurs esprits, et l'on n'écoute plus que les ca-
« prices les plus déréglés (2). La campagne se
« couvre tellement d'édifices de toutes sortes,
« et semblables à des villes par leur étendue
« démesurée (3), qu'il ne restera bientôt plus
« un arpent pour la charrue (4). » Cepen-

---

(1) CICER., *pro Dom.*, 30.

(2) VARR., *de Re Rust.*, lib. I, cap. 13.

(3) SALLUST., *Bell. Catilin.*, 14.

(4) HORAT., lib. II, *Od.* 15.

dant, répondis-je, les environs de Rome et ces collines aux bords du Tibre, que je vois d'ici couvertes d'une végétation vigoureuse, semblent annoncer de riches cultures. — « Dé-
« trompez-vous, mon cher Mérovir, reprit
« Chrysippe, cette verdure, ces ombrages que
« vous voyez autour de la ville, principalement
« sur les rives du fleuve, appartiennent à des
« jardins de plaisance (1), dont le goût, toujours
« croissant chez les Romains, tend à affamer
« l'Italie. Mais si vous désirez connaître cette
« sorte de luxe champêtre, Scaurus possède
« un jardin sur le penchant du Janicule; si-
« tuation fort recherchée (2), à cause de la
« beauté des points de vue, de la pureté de
« l'air et de la solitude du lieu (3); allons-y
« passer le temps qui nous reste encore d'ici
« à l'heure du repas; cela vous délassera un
« peu du voyage que je vous ai fait faire dans
« ce palais : rien ne repose comme la frai-

---

(1) Plin., lib. XIX, cap. 4.

(2) Cicer., *ad Att.*, lib. XII, *Epist.* 9.

(3) Mart., lib. IV, *Epigr.* 64.

« cheur des bosquets, l'aspect des fleurs et le
« murmure des eaux. » J'abandonnai à regret
le solarium, où je ne me lassais point d'admirer et les recherches voluptueuses dont il
est embelli et l'admirable coup d'œil que sa
situation élevée offre de toutes parts.

CHAPITRE XVI.

JARDINS.

Nous sortîmes du palais de Scaurus par une porte de derrière (1); nous longeâmes les boutiques du Grand-Cirque et le *Forum Boarium* jusqu'au temple de la Fortune; et après avoir traversé le Tibre sur le pont Sénatorial, nous nous avançâmes le long du fleuve, en laissant les collines du Janicule à notre gauche. Nous étions hors des murs de Rome (2); et comme aucune des grandes routes qui conduisent à cette vaste cité ne traverse le Jani-

(1) Horat., lib. I, *Epist.* 5; Petron., *Satyric.*, cap. 17.

(2) Servius Tullius n'embrassa dans l'enceinte des murs qu'il fit bâtir que très-peu de terrain au pied du Janicule; ce ne fut véritablement qu'une tête de pont, destinée à défendre de chaque côté les approches du fleuve. Aurélien porta les murailles de la ville un peu plus loin, de manière à s'établir sur la hauteur.

cule, ce lieu est assez solitaire (1). Ce fut pour
nous une fort douce transition de passer ainsi
presque tout à coup de l'étourdissant tumulte
de ces rues où une foule innombrable crie, se
heurte, s'empresse, et semble vouloir arriver
partout à la fois (2), de passer, dis-je, de ce
bruit fatigant au silence de ce quartier
tranquille, uniquement fréquenté par les personnes qui viennent chercher une promenade agréable dans les jardins nombreux qui
commencent au bord du Tibre et s'étendent
au loin dans la campagne sur le revers de la
colline. Pendant le court trajet que nous
eûmes à faire, Chrysippe nous entretint de
l'origine des jardins.

« Anciennement, nous dit-il, un jardin fai-
« sait tout le domaine d'un citoyen (3). Les
« rois de Rome se plaisaient à cultiver les
« leurs eux-mêmes (4); aujourd'hui ce ne

---

(1) Mart., lib. IV, *Epigr.* 64.
(2) Senec., *de Clement.*, lib. I, cap. 5.
(3) Plin., lib. XIX, cap. 4.
(4) *Ibid.*

« sont plus de simples enclos, ornés de quel-
« ques arbres utiles et remplis de plantes po-
« tagères : il faut à nos Romains les jardins
« des Hespérides, d'Adonis ou d'Alcinoüs (1).

« Mais nous voici à la porte de ceux de
« Scaurus; vous voyez qu'il a eu soin de les
« mettre sous la protection du dieu qui y
« préside ordinairement (2). Ce simulacre ri-
« dicule est, selon la croyance populaire, un
« sûr moyen d'éloigner les voleurs (3) et les
« maléfices de l'envie (4). »

L'entrée des jardins de Scaurus est au bord
du fleuve; on rencontre premièrement un
parterre dont les allées sont bordées de
buis (5) et de picea (6); plus loin, à droite et
à gauche, on voit des théâtres de gazon, derrière lesquels il y a des massifs de buis tail-

---

(1) PLIN., lib. XIX, cap. 4.
(2) MART., lib. III, *Epigr.* 68; CATUL., *ad Hort. Deum.*
(3) MART., lib. VI, *Epigr.* 73; lib. VIII, *Epigr.* 40.
(4) PLIN., lib. XIX, cap. 4.
(5) PLIN. jun., lib. V, *Epist.* 6.
(6) PLIN., lib. XVI, cap. 10.

lés (1) avec tout l'art des *topiarii* (2), de manière à représenter tantôt des figures d'animaux, tantôt des lettres dessinant le nom du maître (3). Entre les deux théâtres est un grand bassin (4), où se rendent toutes les eaux de la colline ; elles lui sont apportées par un canal (5), qui serpente à replis nombreux et dont les bords sont tapissés de gazon (6). Autour du bassin on a planté toutes sortes de fleurs, principalement de celles qui servent à faire des couronnes (7). Chrysippe nous fit remarquer des roses de diverses espèces (8). « Cet arbuste, nous dit-il, a cela de particu- « lier, que si l'on y applique de temps en

---

(1) PLIN., cap. 16.

(2) Jardiniers qui prenaient soin des bosquets (CICER., *Paradox.*, V, cap. 2; PIGNOR., *de Serv.*, 243).

(3) PLIN. jun., lib. V, *Epist.* 6.

(4) *Id.*, lib. I, *Epist.* 3.

(5) *Ibid.*

(6) *Ibid.*

(7) PLIN., lib. XXI, cap. 1.

(8) *Ibid.*, cap. 4.

« temps le fer et le feu, on donne plus de vi-
« gueur à sa tige et plus d'éclat à ses fleurs (1) :
« n'est-ce pas une image de la vertu, que
« la persécution rend plus brillante et plus
« pure? » Il nous fit voir aussi des lys et des
narcisses (2), des tapis verts, émaillés de
violettes pourprées, jaunes et blanches (3),
qui répandaient une odeur exquise (4). Des
hyacinthes, des violiers blancs, des œillets (5),
des amaranthes, des bluets (6), et l'hespéride
ou fleur du soir, ainsi nommée parce qu'elle
n'exhale ses parfums qu'après le coucher du
soleil (7); enfin, une foule innombrable d'autres fleurs, dont un esclave égyptien nous
dit tous les noms, que je ne saurais retenir.
Ces différentes plantes sont disposées sur des

(1) Plin , lib. XXI, cap. 4.

(2) *Ibid.*, cap. 5.

(3) *Ibid.*, cap. 6.

(4) Plin. ., jun lib. II, *Epist.* 17.

(5) Plin., lib. XXI, cap. 11.

(6) *Ibid.*, cap. 8.

(7) *Ibid.*, cap. 7.

plates-bandes, autour desquelles il y a un petit sentier, qui sert à se promener et à conduire l'eau lorsqu'on les arrose (1). En sortant du parterre, on trouve après la pièce d'eau une pelouse d'acanthe (2), qui entoure un pavillon charmant, qu'on appelle *les délices* (3); et son nom est bien mérité, car on ne saurait distribuer un édifice de ce genre avec plus de recherche, d'intelligence et de goût. De chaque côté du pavillon il y a des allées, dont on a soin de tenir les arbres fort bas pour ne rien dérober à la vue (4). La partie la plus importante de ces jardins est l'hippodrome (5), situé entre la montagne et

---

(1) On arrosait par irrigation, comme cela se pratique encore aujourd'hui à Rome et à Naples (PLIN., lib. XXI, cap. 4; *Ruines de Pompéi*, t. II).

(2) PLIN. jun., lib. V, *Epist.* 6.

(3) *Id.*, lib. II, *Epist.* 17.

(4) *Id.*, lib. V, *Epist.* 6.

(5) *Ibid.* Lieu pour la course des chevaux et des chars; ce mot répond à celui de manége découvert. Il existe un bel exemple moderne d'hippodrome dans la villa Borghèse à Rome.

le pavillon ; il est entouré de platanes, d'une
grande beauté ; de leurs pieds s'élancent en
grimpant des tiges de lierre, des vignes sauvages, qui, s'attachant à leurs troncs ou voya-
geant de branche en branche, unissent ces
arbres entre eux (1), et les parent de guirlandes comme pour un jour de fête. L'intérieur de l'hippodrome renferme des allées (2),
dessinées en forme de labyrinthe (3) par des
massifs de lauriers touffus que l'hiver ne dé-
pouille jamais de leur feuillage, et dont l'é-
paisseur recèle des rosiers (4) de toutes saisons, qui s'élèvent, se mêlent aux rameaux
des lauriers, et les couvrent de fleurs brillantes, en sorte que ces bosquets semblent offrir à la fois de toutes parts l'image de la
gloire et du plaisir.

Le flanc de la colline est entièrement couvert d'un bois dont la fraîcheur est entrete-

---

(1) Plin. jun., lib. V, *Epist.* 6.

(2) *Ibid.*

(3) Plin., lib. XXXVI, cap. 13.

(4) Plin. jun., lib. V, *Epist.* 6.

nue par de petits ruisseaux (1), adroitement
distribués; des routes sinueuses facilitent la
montée du coteau et interrompent la mono-
tonie des allées droites et régulières. A l'extrémité d'une avenue, nous trouvâmes sous
une treille touffue, soutenue par quatre colonnes de marbre de Cariste, un banc de
marbre, ayant la forme d'un lit. Une nappe
d'eau s'échappe de dessous, comme si le
poids de ceux qui y sont couchés la com-
primait et l'obligeait à sortir (2); des tuyaux
invisibles conduisent ensuite cette eau dans
un bassin (3) de granit. Un esclave, qui nous
avait précédés en cet endroit, nous y avait
préparé quelques fruits, du miel et du vin;
ces mets flottaient dans le bassin sur des
vases de liége, qui avaient la forme de navires
ou d'oiseaux aquatiques (4). Cette galanterie
inattendue nous divertit beaucoup.

---

(1) PLIN. jun., lib. V, *Epist.* 6.
(2) *Ibid.*
(3) *Ibid.*
(4) *Ibid.*

Après être montés encore un peu, on nous fit entrer dans une chambre, entièrement en marbre, tapissée de verdure, de manière que l'on s'y croit dans une grotte naturelle. Ses fenêtres sont ombragées par des arbres si touffus, que le jour qu'elles laissent pénétrer a quelque chose de sombre et de mystérieux; on y a placé tout alentour des siéges de marbre pour se reposer après la promenade; et auprès d'eux de petites fontaines font entendre un doux murmure (1). A peine étions-nous assis dans cette fraîche retraite, que nous fûmes ravis par les sons les plus harmonieux; ils semblaient sortir d'un autre où naissait une fontaine jaillissante, qui, après avoir lancé le jet de sa source vers le haut des rochers, recevait ces mêmes eaux pour les relancer encore (2). Chrysippe s'amusa un instant de notre surprise, puis il nous conduisit derrière le pavillon où nous étions; et, ouvrant la porte d'une petite pièce, il nous

---

(1) Plin. jun., lib. V, *Epist.* 6.
(2) *Ibid.*

fit voir l'instrument caché qui produisait une musique si ravissante. C'est ce qu'on appelle un *orgue d'eau* (1). Il eut la complaisance de nous en expliquer le mécanisme, aussi simple qu'ingénieux. A quelques pas de cet endroit enchanté, il nous fit approcher d'un rocher escarpé et sauvage, au pied duquel, sous des saules d'une rare beauté, nous découvrîmes, comme par hasard, l'entrée d'une grotte, décorée intérieurement de pierres ponces, de rocailles, de coquillages, et consacrée aux Muses (2). « Suivez-moi, nous dit « Chrysippe en gravissant un petit escalier « taillé dans le roc ; venez sur la cime la plus « élevée de cette colline respirer l'air si pur « de ce lieu, et contempler Rome dans un « aspect tout différent de celui dont vous avez « joui ce matin sur la terrasse du palais de « Scaurus. D'ici vous pouvez découvrir la « ville tout entière, les sept collines qui la

---

(1) Vitruv., lib. X, cap. 13.

(2) Plin., lib. XXXVI, cap. 21 ; Plin. jun., lib. I, *Epist.* 9.

« dominent, les monts d'Albe, de Tuscu-
« lum (1), de Tibur, et le Soracte, qui porte
« jusqu'aux cieux sa cime isolée. Plus près
« de nous, vous voyez les faubourgs remplis
« de *villa* délicieuses, le bois d'Anna-Pe-
« renna, la voie Flaminienne couverte de chars,
« enfin les vaisseaux qui sillonnent en divers
« sens les flots sacrés du Tibre (2). Si main-
« tenant vous portez vos regards du côté
« opposé, vous apercevez la mer à l'horizon
« et les tours du port d'Ostie, principal arse-
« nal des flottes de la république. »

Nous marchions véritablement de surprise
en surprise ; chaque pas nous offrait quelque
chose d'inattendu, quelque tableau ravissant ;
mais bientôt le plaisir que j'éprouvais à considérer tant d'objets nouveaux s'évanouit
peu à peu, pour faire place à un sentiment
mélancolique, dont je ne pus me défendre.
Les ombrages épais et sombres des bosquets
que nous parcourions ; ces sapins, ces téré-

---

(1) MART., lib. IV, *Epigr.* 64.
(2) *Ibid.*

binthes, ces chênes verts, qui couvrent les
flancs du Janicule, me rappelaient les lieux
sauvages et montueux où j'ai reçu la vie (1).
Je m'assis à l'écart ; et tous les souvenirs chers
et sacrés de la patrie s'offrirent à moi si vivement, que je ne pus retenir mes larmes.
Chrysippe s'aperçut de mon trouble ; il accourut, me pressa sur son cœur, et voulut
me consoler. « O mon ami, lui dis-je, quelle
« consolation existe-t-il pour celui qui a perdu
« la liberté et la terre de ses aïeux ? Ah ! Ro-
« mains, gardez les merveilles de votre puis-
« sance, jouissez de vos arts, du luxe de vos
« palais, de la fertilité de vos campagnes, de
« la beauté de vos rivages, de l'éclat de votre
« ciel, toujours pur ; mais rendez-moi les dé-
« serts, les forêts, les rochers, les âpres hivers
« et le ciel orageux de ma patrie ! »

Nous commençâmes à redescendre vers le
Tibre, par des sentiers ménagés dans l'épaisseur du bocage. Au détour d'une allée, nous
trouvâmes divers personnages graves, assis

---

(1) Cicer., *de Amicit.*, cap., 19, 68.

15

dans un hémicycle (1) de marbre, et discutant
sur des points de philosophie ; car aujourd'hui
les philosophes aiment à établir leurs écoles
dans les jardins, principalement les sectateurs d'Épicure, qui le premier a donné cet
exemple (2). Je ne dois pas oublier, à propos
de philosophes, les statues que Scaurus leur
a élevées dans son jardin, auprès de celles des
hommes illustres ; car les statues sont une passion chez lui : il en fait venir à grands frais
de toutes parts, ainsi que des plantes exo-
tiques. Il n'a pas moins de fureur pour ces
dernières que pour les tableaux, et les achète
à prix d'or. Il tient les végétaux rares qu'il
a pu se procurer, dans des caisses sur rou-
lettes (3), qu'on expose dehors pendant l'été,
et qu'on renferme l'hiver dans des serres closes
avec des vitrages de pierre spéculaire (4) ; en
sorte qu'elles sont toujours à l'abri des brouil-

---

(1) Cicer., *de Amicit.*, cap. 1, 2.

(2) Plin., lib. XIX, cap. 4.

(3) *Ibid.*, cap. 5.

(4) *Ibid.;* Mart., lib. VIII, *Epigr.* 14 et 68.

lards, des vents et de la froidure (1). C'est ce qui fit dire au cynique dont il a été déjà question un mot que Chrysippe nous a rapporté : Scaurus refusait un manteau à ce malheureux, un jour qu'il tombait de la neige : « Ah ! s'écria « celui-ci, que ne suis-je un de tes pommiers « de Cilicie (2) ! »

Nous allions sortir du jardin ; au même instant un enfant vint nous offrir à chacun une couronne faite avec des fleurs de genêt, de rhododendron (3), de ziziphes (4), de cyclamen (5), à laquelle il joignit encore un bouquet (6) de roses de Préneste et de Campanie (7).

Le soleil, qui commençait à décliner vers l'horizon, nous avertit de regagner le palais de Scaurus, ce que nous fîmes en passant par le pont du Janicule.

---

(1) Mart., lib. VIII, *Epigr.* 14, 68.

(2) *Ibid.*

(3) Laurier Rose (Plin., lib. XXI, cap. 9).

(4) Jujubier. (*Ibid*).

(5) *Ibid.*

(6) *Ibid.*, cap. 2.

(7) C'étaient les plus recherchées à Rome. (Plin. lib. XXI, cap. 4).

CHAPITRE XVII.

SPHERISTERIUM, ALEATORIUM.

Lorsque nous rentrâmes, Scaurus venait de se réveiller ; car c'est un usage assez général ici que de dormir dans le milieu du jour (1). Il était déjà dans son *spheristerium* (2), ou jeu de paume, et commençait une partie à trois personnes (3). Il recevait et renvoyait avec adresse les balles qu'on lui jetait (4) ; mais il ne relevait jamais celles qui avaient touché la terre ; un esclave lui en fournissait

---

(1) SUET., in *Aug.*, 70; PLIN. jun., lib. III, *Epist.* 5 ; — lib. IX, *Epist.* 36; SENEC., *de Benef.*, lib. II, cap. 17.

(2) PLIN., lib. V, *Epist.* 6; PETRON., *Satyric.*, cap. 9.

(3) MART., lib. XIV, *Epigr.* 44.

(4) *Id.*, lib. XII, *Epigr.* 83 ; lib. XIV, *Epigr.* 44.

alors de nouvelles (1). « Les Romains, me dit
« Chrysippe, se préparent ainsi au repas du
« soir (2) par des exercices violents, qui doi-
« vent être suivis du bain (3). Ceux que la
« mollesse éloigne des exercices à la romaine
« jouent à la paume, comme vous le voyez
« faire ici, ou au disque (4). Les vieillards et
« les personnes d'une santé faible se récréent
« dans cette salle voisine, appelée *Aleato-*
« *rium* (5). » Nous y entrâmes ; j'y vis plusieurs personnes assises deux à deux à des
tables de térébinthe (6), jouant aux *calculi* (7)
avec des dés (8) et des tessères noires et blanches (9) ; d'autres jouaient simplement aux

---

(1) Petron., *Satyric.*, cap. 9.
(2) *Ibid.*
(3) Plut., *Préceptes de Santé*, 33.
(4) Horat., *Satyr.* 2, lib. II, v. 10.
(5) Bulenger., *de Lud.*, p. 4.
(6) Petron., *Satyric.*, cap. 10.
(7) *Ibid.* ; Mart., lib. XIV, *Epigr.* 18.
(8) *Ibid.*
(9) Petron., *Satyric.*, cap. 10 ; Polluc., *Onomast.*,
lib. IX, cap. 7 ; Plin., lib. XXXVI, cap. 26 ; Mart.,
lib. XIV, *Epigr.* 15.

dés (1). Mais tout à coup il se fit un grand
mouvement dans l'assemblée ; une cloche annonça que les bains étaient ouverts (2), et un
esclave nous invita à y passer (3).

---

(1) Suet., in *Aug.*, 83 ; Mart., lib. XIV, *Epigr.* 14.

(2) Mart., lib. XIV, *Epigr.* 161. Les cloches étaient
formées d'un ou plusieurs disques en bronze, traversés
dans leur centre par un axe auquel était attaché un battant, de manière qu'en faisant mouvoir cet axe de haut
en bas on faisait frapper le battant sur les disques, ce
qui produisait un son très-clair, comme on peut s'en convaincre au Musée royal de Naples, où l'on conserve plusieurs cloches semblables.

(3) Plin. jun., lib. III, *Epist.* 1.

CHAPITRE XVIII.

BAINS (1).

« On a coutume à Rome, me dit Chrysippe,
« de ne se baigner qu'avant le repas, c'est-à-
« dire depuis midi jusqu'au soir (2) ; mais il
« est du bon ton de ne se présenter aux bains
« qu'un peu tard : les gens dissolus y vont la
« nuit (3). L'heure ordinaire est la neuvième
« dans l'hiver, et la huitième dans l'été (4). Il
« y a des voluptueux qui prennent le bain

(1) Le mot *balneum* signifiait particulièrement un bain privé (Varro, *de Ling. Lat.*, lib. VIII; Ursin., *de Triclin.*, 128). Les thermes étaient des édifices consacrés aux bains publics, où l'on trouvait des lieux d'exercice, des promenades, des bibliothèques, etc.

(2) Vitruv., lib. V, cap. 10.

(3) Juven., *Satyr.*, VI, v. 420.

(4) Plin. jun., lib. III, *Epist.* 1.

« avant et après souper (1), pour faciliter,
« disent-ils, la digestion (2); mais cette der-
« nière pratique est extrêmement dangereuse,
« et l'on a vu beaucoup de personnes en
« mourir subitement (3). Venez vous baigner
« avec nous, ce sera une occasion de vous
« montrer l'appartement de bains que j'ai
« construit dans la partie la plus reculée de
« ce palais. Autrefois il était rare d'en trou-
« ver dans les maisons des particuliers (4);
« aujourd'hui il est peu de citoyens aisés qui
« n'aient les leurs. » Nous passâmes de nouveau sous le péristyle, à la suite du maître de
la maison; on ouvrit une porte, et nous entrâmes dans une cour d'une médiocre dimension; cette cour, environnée d'un portique
dont les colonnes sont octogones (5), a vers

---

(1) Petron., *Satyric.*, cap. 9, 16, 17.

(2) Plin., lib. XIV, cap. 22.

(3) Juven., *Satyr.*, I, v. 145.

(4) Hippocr., *Traité des Maladies aiguës.*

(5) Voyez la maison de campagne de Pompéi (*Ruines de Pompéi*, t. II).

une de ses extrémités un *baptisterium* (1), ou grand bassin pour prendre le bain froid en commun (2). Ce bassin est couvert d'un toit élégant, soutenu par des colonnes (3). Sur les parois des portiques, on a peint des arbres chargés de fruits et toutes sortes de poissons qui semblent nager dans la profondeur des eaux (4); le sol de la cour est pavé en mosaïque (5).

De la cour on passe dans l'apodyptère (6), salle où l'on dépose ses vêtements entre les mains d'esclaves nommés *capsarii* (7), qui, après les avoir pliés, les serrent dans des ca-

---

(1) Plin. jun., lib. II, *Epist.* 17.

(2) Il y a un pareil bassin dans les bains de la maison de campagne à Pompéi (Plin., lib. II, *Epist.* 17).

(3) *Ruines de Pompéi*, t. II.

(4) *Ibid.* et *Pitture di Pompei*.

(5) *Ruines de Pompéi*, tom. II.

(6) Plin. jun., lib. V, *Epist.* 6. On l'appelait aussi *Spoliatorium*.

(7) Pignor., *de Serv.*, 119.

ses fermées. On trouve ensuite une salle élevée et spacieuse (1), avec une vaste baignoire (2), pour prendre le bain froid à couvert, lorqu'on ne veut point se baigner en
plein air dans le *baptisterium* (3) : cette salle
est ce qu'on appelle le *frigidarium* (4). Elle
est disposée de manière qu'une partie reste
libre, et que l'autre, où est la baignoire,
forme un hémicycle, au centre duquel est la
cuve, entourée d'un petit espace clos par un
mur d'appui (5). Le pourtour de l'hémicycle
est décoré de pilastres et de niches (6) avec
des statues (7); le soubassement est formé
par deux gradins qui règnent autour de cette

---

(1) PLIN. jun., lib. II, *Epist.* 17.

(2) *Labrum* (*ibid.;* VITRUV., lib. V, cap. 10).

(3) PLIN. JUN., lib. II, *Epist.* 17.

(4) *Cella frigidaria* (*ibid.;* VITRUV., lib. V, cap. 10).

(5) *Pluteum* (VITRUV., *ibid*).

(6) Voyez la peinture tirée des bains de Titus, et publiée par divers auteurs, entre autres par Galliani.

(7) SENEC., *Epist.* 86.

partie de la salle (1); c'est ce qu'on appelle
l'école (2), parce que ceux qui s'y asseyent
pour assister au bain sans y prendre part se
livrent quelquefois à des entretiens philosophiques. Entre l'école et l'enceinte de la cuve
il reste un espace libre (3) pour circuler autour de l'endroit où se tiennent les baigneurs.
Cette pièce est éclairée par en haut, de manière que les corps n'y projettent aucune
ombre (4). Quelques convives, déjà dépouillés
de leurs vêtements, prenaient tranquillement
le bain ; d'autres, en se tenant par la main (5),
couraient autour de la cuve ; il y en avait
même qui se livraient dans la première partie

---

(1) Voyez la peinture ci-dessus citée.

(2) *Schola* (VITRUV., lib. VI, cap. 10).

(3) *Alveus*. D'après la description de Vitruve, l'*alveus*
paraît devoir être cet espace libre, qui selon lui ne
pouvait guère avoir plus de quatre pieds; ce qui devait
en effet lui donner l'air d'une espèce de canal, et lui avait
valu son nom. Cette disposition est très-distinctement indiquée dans la peinture précitée.

(4) VITRUV., lib. VI, cap. 10.

(5) PETRON., *Satyric.*, cap. 17.

de la salle à des exercices singuliers pour se donner de la souplesse. Les uns s'efforçaient à lever des anneaux avec les mains liées ; d'autres, à genoux sur le pavé, se courbaient en arrière jusqu'à toucher leurs pieds avec la tête (1).

On nous engagea à quitter aussi nos habits ; il fallut s'y résoudre, pour ne point paraitre trop barbares : nous retournâmes dans l'apodyptère, et nous en revînmes nus comme les autres. La blancheur de nos corps, notre haute stature, et nos cheveux blonds, tressés à la manière des Suèves (2), excitèrent un instant la curiosité des amis de Scaurus. Pour nous soustraire à ce qu'elle avait de déplaisant, Chrysippe nous conduisit aux bains tièdes, ou *tepidarium* (3). Il y a dans cette pièce deux grandes baignoires ; elles sont si larges qu'on pourrait aisément y nager (4). Cette salle est à peu près carrée ; elle a,

---

(1) Petron., *Satyric.*, cap. 17.

(2) Tacit., *de Morib. Germ.*, 38.

(3) Vitruv., lib. V, cap. 10.

(4) Plin. jun., lib. II, *Epist.* 17.

comme l'autre, son école, c'est-à-dire des gradins dans son pourtour (1); mais ceux-ci ne
sont point destinés uniquement aux simples
spectateurs, ils servent aussi aux personnes
qui se baignent, soit pour s'essuyer lorsqu'elles se contentent du bain tiède, soit
pour se reposer dans une atmosphère tempé-
rée, lorsqu'elles sortent de l'étuve, qui est
voisine de cette pièce. Nous entrâmes avec
Chrysippe dans une des baignoires; et après
y être restés quelques instants, il nous fit
passer dans une autre salle, appelée *caldarium* (2) ou *sudatorium* (3). Elle est de forme
circulaire (4), entourée de trois gradins, et
percée tout alentour de niches étroites avec
un siége (5). J'allai prendre ma place sur un

---

(1) Voyez la peinture citée précédemment.

(2) Vitruv., lib. VI, cap. 10.

(3) *Ibid.*

(4) Il y a un *sudatorium* circulaire à Pompéi (*Ruines de Pompéi*, t. II).

(5) Voyez la peinture précitée et les *Ruines de Pompéi*, t. II.

de ces siéges ; il était brûlant, ainsi que les murs ; une vapeur étouffante s'élevait du réservoir d'eau chaude situé au milieu de la salle ; elle montait en nuages épais vers la voûte, qui au lieu d'être hémisphérique, avait la forme d'un cône allongé (1) ; elle s'y engouffrait avec violence, et s'échappait par une ouverture étroite ménagée au sommet du cône (2). J'étais presque suffoqué, une sueur abondante ruisselait de mes membres affaiblis. Chrysippe m'engagea à descendre au gradin inférieur, où il prétendait que la chaleur devait être moins sensible ; mais je n'y trouvai pas grande différence, d'autant plus que le côté de la salle contigu à moi était en partie occupé par un vaste poéle, auquel on donne le nom de *laconicum* (3) ;

(1) *Ruines de Pompéi*, t. II.

(2) *Ibid.*

(3) On confond ordinairement le *laconicum* et le *sudatorium*; il est facile cependant de reconnaître en lisant avec attention la fin du chap. 10 du V⁰ livre de Vitruve que le *Laconicum* n'était qu'une espéce de poéle qui servait à élever plus ou moins la température du *sudato-*

la flamme qui y est conduite des fourneaux extérieurs l'échauffe à un haut degré. Au centre est un *clypeus* de bronze (1), semblable à un de nos boucliers ronds; on élève ou l'on abaisse cette espèce de soupape par le moyen d'une chaine, et c'est ainsi qu'on augmente ou qu'on diminue à volonté l'intensité de la chaleur dans le *sudatorium* (2). J'aimerais mieux, mon cher Chrysippe, m'écriai-je, traverser à la nage le Rhin ou le Danube en plein hiver que d'être condamné à rester plus longtemps en ce lieu. J'y vais mourir; et quelle honte pour un Germain de mourir dans un bain comme une femme ! « Je sais, « me répondit notre ami, que vous suppor- « teriez mieux la faim et le froid que l'ex- « cessive chaleur (3) de ce lieu; ainsi abré-

---

rium; c'est ce qui est prouvé d'une manière irrécusable par la peinture trouvée aux thermes de Titus, où la dénomination de chaque objet est écrite distinctement.

(1) VITRUV., lib. VI, cap. 10, *Peinture des bains de Titus.*

(2) *Ibid.*

(3) TACIT., *de Morib. German.*, 12.

« geons votre supplice, et retournons dans
« la pièce d'où nous venons. » Nous sortîmes
du *caldarium*; et me préservent les dieux
d'y rentrer jamais! Ce fut avec un plaisir extrême que je retrouvai la température douce
du *tepidarium*. Nous nous assîmes sur les
gradins qui l'entourent; des garçons de bain(1)
nous grattaient la peau doucement au moyen
d'un strigile (2); puis, après nous avoir es-
suyés avec des étoffes de lin et de coton (3),
ils nous couvrirent d'une légère gausape, espèce de manteau fait de laine extrémement
fine (4), à longs poils (5); les *alipili* (6) voulurent nous épiler selon l'usage (7); mais
nous ne voulûmes point nous soumettre à
cette pratique efféminée; nous nous conten-
tâmes de nous laisser nettoyer et couper les

---

(1) *Balneatores* (PIGNOR., *de Serv.*, 39).
(2) SUET., *Aug.*, 80; MART., lib. XIV, *Epigr.* 49.
(3) PLIN., lib. XIX, cap. 1.
(4) PETRON., *Satyric.*, cap. 9.
(5) *Ibid.;* PLIN., lib. VIII, cap. 48.
(6) PIGNOR., *de Serv.*, 42.
(7) PLIN. JUN., lib. III, *Epist.* 52.

ongles. De jeunes esclaves (1) sortirent ensuite de l'*elæotesium* (2), cabinet où sont
déposés les parfums; ils portaient de petits
vases d'albâtre (3) pleins d'huiles parfumées (4), dont ils nous oignirent légèrement
le corps et jusqu'à la plante des pieds (5);
enfin nous entrâmes dans l'*apodyptère*, où
nous reprîmes nos habits. Pendant ce temps,
Chrysippe nous donnait les détails suivants :

« Ces bains sont destinés aux hommes
« seulement : quoique l'usage permette aux
« deux sexes de se baigner ensemble (6), les

---

(1) *Pueri unguentarii* (PIGNOR., *de Serv.*, 40).

(2) VITRUV., lib. V, cap. 11. On l'appelle aussi *uncto-
rium.*

(3) PLIN., lib. XIII, cap. 2.

(4) L'huile était la base de tous les parfums (*Ibid.*,
cap. 1).

(5) *Ibid.*, cap. 3.

(6) AUL. GELL., lib. X, cap. 3. Ce fut Hadrien qui ordonna que les deux sexes seraient séparés (SPART., *Had.*,
cap. XIX). Dans les premiers temps il en était ainsi
(VARRO, *de Ling. lat.*, VIII), et l'on peut regarder la
communauté des bains pour les deux sexes comme une
suite de la corruption des mœurs, et non comme un reste
d'innocence primitive.

16

« femmes ont ici des bains séparés (1) ; on
« aurait pu les faire contigus à ceux-ci, afin
« de pouvoir les chauffer avec les mêmes
« fourneaux (2). Mais Scaurus ne tient pas à
« ces petites économies, et Lollia a des bains
« particuliers dans son appartement. L'endroit
« où les fourneaux sont placés se nomme
« *hypocaustum* (3). C'est une pièce assez
« grande, située près du réservoir. » Chrysippe nous y conduisit, pour nous en faire
examiner la disposition.

« Cette espèce de four (4), surmonté de
« plusieurs cuves en bronze, sert, nous dit-
« il, à donner à l'eau le degré de chaleur né-
« cessaire. La première cuve, qui est la plus
« éloignée du fourneau, reçoit l'eau froide du
« réservoir général, et la transmet soit aux
« bains froids, soit aux bains chauds, pour

---

(1) VITRUV., lib. V, cap. 10.

(2) *Ibid.*

(3) *Ibid.* et *Peinture des bains de Titus.*

(4) Voyez les bains de la maison de campagne (*Ruines de Pompéi*, t. II).

« modérer, à la volonté des baigneurs, le de-
« gré de chaleur du bain. La seconde, qui
« ne reçoit qu'une partie de la chaleur du
« fourneau, donne l'eau tiède au *tepidarium*.
« La troisième, placée immédiatement sur le
« feu, fournit le *caldarium* (1). De ce côté,
« cette cheminée basse (2), où l'on fait un si
« grand feu sert à chauffer le *caldarium*, qui
« lui est contigu. La vapeur brûlante, con-
« duite par des tuyaux cachés, circule dans
« un espace vide, ménagé sous le pavé, ainsi
« que tout autour de la pièce (3), et s'en-
« gouffre ensuite dans le *laconicum*. C'est de
« cette manière que l'on parvient à élever la
« température à ce degré qui vous a paru si
« insupportable. Mais, comme il ne fait pas ici
« beaucoup plus frais que dans le *caldarium*,
« continua-t-il, nous ferons bien de nous

---

(1) Vitruv., lib. V, cap. 10, et la *Peinture des bains
de Titus*.

(2) *Ruines de Pompéi*, tom. II.

(3) Vitruv., lib. V, cap. 10; *Ruines de Pompéi*, t. II;
Peinture des bains de Titus.

« promener ailleurs. Allons visiter les bains
« d'hiver : ils sont divisés, comme les pre-
« miers, en bains chauds et en bains tièdes,
« les bains froids étant inutiles l'hiver. Lors-
« qu'on se sert de ce local, on entretient
« dans les corridors et les pièces de service
« une douce température, au moyen de tuyaux
« de chaleur. » Ces bains, comme ceux d'été,
sont ornés de peintures gracieuses (1), de statues (2), de lampes de bronze, et de vases
en argent et en terre cuite dorée (3). Rien
n'égale l'élégance de toutes ces décorations.

Nous étions déjà arrivés dans la première
cour, et nous regardions quelques jeunes
gens folâtrer, nager, plonger dans le *baptis-*
terium, lorsque nous aperçûmes Scaurus,
porté sur un hexaphore (4) et enveloppé dans
un manteau de laine pourpre à long poil (5).

---

(1) Senec., *Epist.* 86.
(2) *Ibid.*
(3) Petron., *Satyric.*, cap. 17.
(4) *Ibid.*, cap. 9.
(5) *Ibid. Hexaphorum*, litière portée par six esclaves
(Mart., lib. VI, *Epigr.* 77).

Nous suivîmes, au son des flûtes (1), la foule des convives, et nous nous acheminâmes vers le Triclinium.

Sous les portiques du péristyle, nous vîmes plusieurs troupes d'esclaves qui se livraient à différentes sortes d'exercices, devant des maîtres préposés à cet effet (2). Ils vinrent saluer leur patron, en disant : Portez-vous bien ; ou : Salut à Scaurus (3). Je fus si surpris de leur nombre, que je témoignai mon étonnement à Chrysippe : « Ce que vous voyez là « répondit-il, n'est que la moindre partie de « ses serviteurs ; chaque jour on lui en apporte « la liste comme à un général celle de ses « soldats (4). L'autre jour, son intendant me « montra le rôle des esclaves attachés à son « service particulier dans ses différentes maisons de ville et de campagne ; ils sont divisés en décuries (5), et s'élèvent au nombre

_____

(1) PETRON., *Satyric.*, cap. 9.
(2) *Ibid.*
(3) *Ibid.*, cap. 17.
(4) SENEC., *de Tranquillit. Anim.*, cap. 9.
(5) PETRON., *Satyric.*, cap. 14.

« de quatre mille cent seize personnes (1),
« dont il serait trop long de vous détailler
« les emplois divers et les talents de toutes
« espèces (2) ; je ne compte pas dans cette mul-
« titude d'esclaves ceux qui travaillent à la
« terre ou qui gardent ses immenses trou-
« peaux ; ceux-ci ne doivent certainement pas
« être en moins grand nombre que les esclaves
« domestiques, car Scaurus possède des terres
« considérables, labourées par trois mille six
« cents paires de bœufs ; ses pâturages contien-
« nent deux cent cinquante-sept mille têtes
« de bestiaux divers (3). » C'est plus de richesses que n'en possède toute notre nation !

---

(1) Plin., lib. XXXIII, cap. 10.

(2) Cicer., *Orat.*, 11, *pro Sext. Ros.*, 46.

(3) Plin., lib. XXXIII, cap. 10.

CHAPITRE XIX.

TRICLINIUM.

Le soleil allait disparaître sous l'horizou ; déjà ses rayons ne pénétraient plus dans les cours du palais., dout le faîte seul était coloré d'une lumière rougeàtre. Un clepsydre (1), représentant une statue qui avec sa baguette indiquait les heures sur un cadran, fit entendre tout-à-coup le son d'une trompette (2), suivi de dix coups de marteau (3), ce qui annonça la dixième heure. On se met ordinairement à table un peu plus tòt dans cette

---

(1) Horloge d'eau (PLIN., lib. VII, cap. 60 ; VITRUV., lib. IX, cap. 9).

(2) VITRUV., *ibid.*

(3) *Ibid.*

saison (1); mais Scaurus a pour règle de ne
prendre son repas qu'à la chute du jour (2).
Comme nous allions passer la porte de l'anti-
salle qui précède le triclinium, un enfant,
placé là exprès, nous avertit d'entrer du pied
droit (3) pour ne point apporter de fâcheux
augures. Aussitôt que nous eûmes été intro-
duits, des esclaves nous ôtèrent nos braguer,
nos sayons rayés à la gauloise (4), et nous
revêtirent de robes fort belles, destinées uniquement aux repas (5). Nous entrâmes dans
le *triclinium*; à peine assis, des esclaves égyp-

---

(1) On soupait l'été entre la huitième et la neuvième
heure, et l'hiver à la dixième (MART., lib. IV, *Epigr.* 8 ;
lib. XI, *Epigr.* 53 ; PLIN. JUN., lib. III, *Epist.* 1 ; HORAT.,
Epist. 7, v. 71, lib. I).

(2) VIRG., *Æneid.*, lib. IV, v. 77; AUL. GELL., lib.
XVIII, cap. 8; STAT., lib. IV, *Silv.* 6, v. 3 ; HORAT., *Epist.*
5, v. 3, lib. I; *Sat.* 7, lib. II, v. 33; SENEC., *Epist.* 123.

(3) PETRON., *Satyric.*, cap. 9.

(4) TACIT., *Hist.*, lib. II, 27.

(5) On appelait ces robes *vestis cænatoria*, ou *vestis
convivalis* (MART., lib. XIV, *Epigr.* 138; CIACON., *de Triclin.*, 39; URSIN., *Append.*, 336).

tiens nous versèrent de l'eau froide·sur les
mains (1), tandis que d'autres, nous ayant
òté nos sandales, se mirent à nous laver les
pieds et à nous nettoyer les ongles (2), quoique l'on nous eût déjà fait au bain la même
opération. Le triclinium, ou salle à manger,
est d'une longueur double de sa largeur (3),
et comme partagé en deux. La partie supérieure est occupée par la table et les lits ; la
partie inférieure reste libre pour le service
et les spectacles. Autour de la première, les
murs sont ornés jusqu'à une certaine hauteur, de ʼtentures de prix (4). La décoration
du reste de la salle est noble, et en même
temps analogue à la destination de cette pièce ;
des colonnes entourées de lierre et de pam-
pres divisent les parois en compartiments
bordés d'ornements capricieux : au centre de

---

(1) Petron., *Satyric.*, cap. 10.

(2) *Ibid.*

(3) Vitruv., lib.VI, cap. 5.

(4) C'est une pareille tenture qui en tombant troubla
le souper de Nasidiénus (Horat., *Sat.* 8, lib. II, v. 54).

chaque panneau, on a peint avec une gràce admirable de jeunes faunes, ou des bacchantes demi-nues, portant des thyrses, des vases, des coupes et tout l'attirail des festins(1). Au-dessus des colonnes règne une large frise, divisée en douze tableaux; chacun d'eux est surmonté d'un des signes du zodiaque, et représente les mets que l'on recherche le plus dans les mois auxquels se rapportent ces signes (2); en sorte que l'on a peint sous le sagittaire des crevettes de mer (3), des coquillages et des oiseaux de passage; sous le capricorne, des homards (4), des poissons de mer, un sanglier et du gibier des bois; sous le verseau, des canards (5), des pluviers, des pigeons, et des râles d'eau, etc.

---

(1) *Pitt. Ercol.*

(2) PETRON., *Satyric.*, cap. 10. Dans un Triclinium placé sous une treille à Pompéi, on voit une frise composée de comestibles de toutes espèces. Cette peinture est à peine visible aujourd'hui. Voyez la maison dite d'Actéon (*Ruines de Pompéi*).

(3) PETRON., *Satyric.*, cap. 10.

(4) *Ibid.*

(5) *Ibid.*

Des lampes de bronze, suspendues (1) par des chaines de même métal (2), ou supportées par les candélabres d'un travail précieux (3), répandaient une vive lumière (4); des esclaves préposés à leur entretien (5), avaient soin d'en couper les mèches de temps en temps, et veillaient à ce qu'elles ne manquassent point d'huile.

La table, faite de bois de citre (6) tiré du fond de la Mauritanie (7), et que l'on préfère à l'or (8), reposait sur des pieds d'i-

---

(1) *Lychnuchi pensiles* (Plin., lib. XXXIV, cap. 3).

(2) *Antich. Ercolan.*, t. VIII.

(3) Les plus beaux se faisaient à Égine. Un candélabre d'une beauté ordinaire coûtait de cinq à six cents francs; il y en avait qui coûtaient jusqu'à dix mille francs. (Plin., lib. XXXIV, cap. 3.)

(4) On appelait les lampes dont on se servait dans les salles à manger *lucernæ convivales*, ou *tricliniares* (Stuck., *Ant. convio.*, III, 24).

(5) Pignor., *de Serv.*, 55.

(6) Plin., lib. XIV, cap. 43; Mart., lib. II, *Epigr.* 43; lib. IX, *Epigr.* 59.

(7) Mart., lib. XII, *Epigr.* 67.

(8) Mart., lib. III, *Epigr.* 82.

voire (1); elle était recouverte d'un pla-
teau (2) d'argent massif, du poids de cinq
cents livres (3), orné de ciselures et d'ana-
glyphes (4). Les lits triclinaires (5), qui peuvent contenir trente personnes (6), étaient
de bronze (7) enrichis d'ornements en argent,
en or pur (8), et en écaille de tortue (9) mâle (10); les matelas de laine des Gaules (11)

---

(1) MART., lib. II, *Epigr.* 43.

(2) *Repositorium*, c'était un *surtout* de la grandeur
de la table, sur lequel on apportait les services tout
dressés.

(3) PLIN., lib. XXXIII, cap. 10.

(4) Dessins gravés au burin.

(5) On appelait *tricliniares* les lits de table, pour les
distinguer des lits à dormir, qu'on appelait *cubiculares*
(CIACON., *de Triclin.*; UBSIN., *Append.*, 177).

(6) PLUT., *Sympos.*, lib. V, *quæst.* 5.

(7) PLIN., lib. XXXIV, cap. 3 ; CIC., *in Verr.*, II, lib. IV,
26.

(8) PLIN., lib. XXXIII, cap. 2.

(9) PLIN., lib. XXXIII, cap. 11 ; MART., lib. IX, *Epigr.*
59; lib. XII, *Epigr.* 67; SENEC., *de Benef.*, lib. VII,
cap. 9.

(10) MART., lib. XIV, *Epigr.* 86.

(11) PLIN., lib. VIII, cap. 48.

teinte en pourpre (1); les coussins précieux (2), rembourrés de plumes (3), étaient
recouverts de tapis émaillés de différentes
couleurs, tissus et brodés de soie mélangée
avec des fils d'or. Chrysippe nous apprit qu'ils
avaient été fabriqués à Babylone (4), et qu'ils
coûtaient quatre millions de sesterces (5).

Le pavé en mosaïque représentait, par un
singulier caprice de l'artiste, toutes sortes de
débris de repas, comme s'ils fussent tombés
naturellement à terre; de façon qu'au premier coup d'œil il semblait n'avoir point été
balayé depuis le dernier festin (6). Aussi le
nommait-on à cause de cela, *asaratos œcos* (7).
Au fond de la salle, on avait étalé des vases (8)

---

(1) PETRON., *Satyric.*, cap. 11.

(2) MART., lib. III, *Epigr.* 82, v. 7.

(3) URSIN., *Append. ad Ciacon. de Tricl.*, 117.

(4) PLIN., lib. VIII, cap. 48; MART., lib. XIV, 143.

(5) PLIN., *ibid.* Environ huit cent mille francs.

(6) PLIN., lib. XXXVI, cap. 25.

(7) C'est-à-dire salle non balayée, *ibid.*

(8) CICER., *in Verr.*, act. II, lib. IV, 14.

d'airain de Corinthe (1). Ce triclinium, le plus
grand des quatre que Scaurus a dans son
palais (2), pourrait contenir facilement une
table de soixante lits (3) ; mais il réunit rarement un aussi grand nombre de convives ; et,
lorsque dans les grandes occasions il donne
à manger à cinq ou six cents personnes (4),
c'est dans l'atrium qu'il les reçoit. Cette salle
à manger est réservée pour l'été; il en a
d'autres pour l'automne, l'hiver et le printemps (5); car les Romains se font un sujet
de volupté de la diversité des saisons. Le service est réglé de manière qu'il y a pour chaque triclinium un grand nombre de tables (6)
de différents genres, et chaque table a ses
vases, ses plats et ses valets particuliers (7).

---

(1) PLIN. JUN., lib. III, *Epist.* 1.

(2) PETRON., cap. 17.

(3) C'est-à-dire de 60 couverts (MART., lib. I , *Epigr.*
44).

(4) *Ibid.,* lib. II, *Epigr.* 35.

(5) VITRUV., lib. VI, cap. 7.

(6) MART., lib. VII, *Epigr.* 48.

(7) *Ibid.*

Les convives arrivaient successivement ;
Chrysippe me fit remarquer l'air d'impatience
de plusieurs d'entre eux. « Voyez, me dit-il,
« avec quel empressement accourent ces pa-
« rasites et ces ombres (1), compagnons assi-
« dus de ceux qui dissipent leur bien (2). Je
« crois que ce fut pour eux qu'on défendit
« au sénat de traiter aucune affaire passé la
« dixième heure (3), et que l'on convint qu'un
« sénatus-consulte fait à l'heure du repas du
« soir n'aurait point force de loi (4). Aussi ces
« gourmands effrénés iraient, s'il leur était
« possible, éteindre le soleil pour souper
« une heure plus tôt (5). »

En attendant la venue du maître de la

---

(1) C'est le nom que l'on donnait à ceux qui s'intro-
duisaient, sans être priés, à la suite de quelques amis de
la maison. (PLUT., *Symp.*, lib. XII, *quæst.* 6.)

(2) SENEC., *de Tranquillit. Anim.*, cap. 1.

(3) *Ibid.*, cap. 15.

(4) Un sénatus-consulte rendu après le coucher du
soleil n'avait aucune autorité (AUL. GELL., lib. XIV,
cap. 17).

(5) SENEC., *Epist.* 77.

maison de jeunes esclaves entrèrent en chantant (1), et répandirent sur le pavé de la
sciure de bois teinte de safran et de minium
mêlée à une poudre brillante faite avec de la
pierre spéculaire (2).

Enfin Scaurus, qui s'était arrêté un instant
dans son appartement pour se reposer, ainsi
qu'il a coutume de le faire après le bain (3),
arriva au son des flûtes (4). « Je n'invite or-
« dinairement, dit-il, mes amis à ma table
« qu'en nombre égal à celui des grâces ou
« des muses (5); mais comme aujourd'hui il
« s'agit de fêter la bienvenue (6) de ces ai-
« mables étrangers, pour les honorer davan-
« tage j'ai réuni le plus de personnes qu'il
« m'a été possible. Prenons place, et livrons-
« nous à la joie, sans calculer ni le nombre

---

(1) Petron., cap., 10.

(2) *Ibid.*, cap. 16.

(3) Plin. Jun., lib. III, *Epist.* 1.

(4) Petron., cap. 10.

(5) Aul. Gell., lib. XIII, cap. 11.

(6) Plut., *Symp.*, lib. VIII, *Quæst.* 7.

Pl. VII. Page 6.

« des convives, ni la rapidité des heures. En
« disant ainsi, Scaurus s'étendit sur le lit du
« milieu, en nous donnant près de lui la place
« d'honneur, qui se trouve à l'extrémité de
« ce même lit (1). » A nos pieds étaient de
jeunes esclaves, prêts à obéir à tous nos
ordres (2). Comme nous sommes étrangers,
nous n'avions point apporté de serviettes (3) :
celles qu'on nous donna étaient tissues, ainsi
que la nappe, d'une espèce de lin incombus-
tible, qu'on jette au feu pour le blanchir (4).

Lorsque tout le monde eut pris place, on
présenta des couronnes de fleurs artificielles (5) aux convives; ceux qui les distri-
buaient chantaient au son de la lyre :

---

(1) PLUT., *Symp.*, lib. I, *quæst.* 3.

(2) PIGNOR., *de Serv.*, 65; MART., lib. III, *Epigr.* 82.

(3) Il était d'usage d'apporter sa serviette avec soi;
il est plus d'une fois question, dans les poëtes satiriques,
de convives qui volaient les serviettes de leurs voisins
(CATUL., *in Asin.*, v. 3 ; MART., lib. VIII, *Epigr.* 59;
ib., XII, *Epigr.* 29).

(4) PLIN., lib. XIX, cap. 1.

(5) *Id.*, lib. XXI, cap. 2.

« Que chacun se pare de myrte vert et des
« fleurs que le printemps fait éclore (1). »

Chrysippe m'apprit que les colliers (2) et
les couronnes de fleurs dont on fait usage
dans les festins avaient pour but utile de prévenir l'ivresse, en neutralisant les vapeurs
du vin (3). « C'est, me dit-il, ce qui rend ces
« couronnes artificielles plus ridicules encore
« que le prix excessif qu'on y met ; car ces
« fleurs faites de matières mortes et inodo-
« res (4), ne peuvent avoir aucune vertu ; et
« même les parfums empruntés dont elles
« sont imprégnées deviennent quelquefois
« nuisibles à la santé (5). »

Je ne te ferai point, cher Gélimer, la description détaillée de tout ce qui nous fut servi.

---

(1) Horat., *Od.* 4, lib. I.

(2) Plut., *Symp.*, lib. III, *quæst.* 1.

(3) *Ibid.*, et Plin., XXI. cap. 3.

(4) Elles étaient d'or, d'argent, de soie et de diverses
autres matières, qu'on allait chercher aux Indes (Plin.,
ibid.).

(5) *Ibid.*

La multiplicité, la variété des plats exquis
dont la table fut couverte, à plusieurs reprises, te sembleraient presque fabuleuses. Cependant je ne peux m'empêcher de te nommer quelques-uns des mets qui m'ont le plus
étonné, et qui peuvent te donner une idée
du luxe des tables romaines. L'on offrit successivement aux convives des œufs d'au-
truche (1), farcis avec des jaunes d'œufs de
paon, qui recelaient un bec-figue, comme si
c'eût été le fœtus déjà formé (2). Des ventres
de truie (3), des jambons apportés d'Espagne (4), des lièvres singulièrement ornés d'ailes (5) de manière à représenter des animaux
extraordinaires; des paons (6) étalant leur riche plumage, et que l'insatiable sensualité des

---

(1) PLIN., lib. X. cap. 1.

(2) PETRON., *Satyric.*, cap. 10.

(3) PLIN., lib. VIII, cap. 1.

(4) MART., lib. XIII, *Epigr.* 31 ; VARRO, *de Re Rust.*,
lib. II, cap. 4.

(5) PETRON., *Satyric.*, cap. 10.

(6) PLIN., lib. X, cap. 20; MART., lib XIII, *Epigr.* 67.

17.

Romains est allée chercher au-delà du Phase, dans des contrées défendues jusque alors par la terreur qu'inspire tout ce qu'on raconte de ces pays éloignés (1); des grues (2), manger détestable, mais que l'on sert par ostentation, à cause de la difficulté qu'on éprouve à se procurer ces oiseaux voyageurs dans cette saison. On nous présenta aussi des volailles et des poissons faits de chair de verrat (3), et si bien imités que l'œil y était trompé. On apporta au second service un énorme sanglier tout entier (4); il renfermait, non des guerriers, comme le cheval de Troie, mais des grives en vie, qui prirent leur vol dès qu'on eut ouvert l'animal, dont les flancs leur servaient de prison (5). Scaurus et Chrysippe me donnaient les détails les plus curieux sur tout ce qui composait le festin. Ils

---

(1) PLIN., lib. XIX, cap. 4.

(2) *Ibid.*, lib. X, cap. 23.

(3) PETRON., *Satyric.*, cap. 16.

(4) PLIN., lib. VIII, cap. 51; PETRON., *Satyric.*, cap. 12., 14; JUVEN., *Satyr.* 5, v. 117.

(5) PETRON., *Satyric.*, cap. 12.

me firent remarquer un plat énorme fait de
seules langues d'oiseaux (1). Je goûtai successivement des foies d'oie grasse (2); des foies
de Mustella, qu'ils vont pêcher jusqu'en Rhétie,
dans le lac de Constance (3); des scares, pris
sur les côtes de l'Asie Mineure (4), et dont
on ne mange que les intestins (5). On me
montra d'énormes murènes (6), poissons pour
lesquels les Romains ont une passion singulière (7). Enfin le dernier plat, dont on me
fit les honneurs, contenait trois bardeaux (8).
Je réfléchissais sur la singulière destinée de ce
poisson, venu comme moi des côtes de l'Océan
occidental (9), lorsque Scaurus, se penchant

---

(1) PLIN., lib. X, cap. 51.

(2) *Ibid.*, cap. 22; MART., lib. XIII, *Epigr.* 81.

(3) PLIN., lib. IX, cap. 17.

(4) *Ibid.*

(5) MART., lib. XIII, *Epigr.* 55.

(6) *Ibid.*, *Epigr.* 77.

(7) COLUMEL., lib. VIII, cap. 17.

(8) *Mulus*, ou surmulet.

(9) PLIN., lib. IX, cap. 17.

de mon côté, m'apprit que pour leur donner cet excellent goût qui flattait si agréablement le palais, on les avait fait mourir dans du garum (1). « Ce n'est pas tout, me dit Chry-
« sippe à voix basse, il y a quelque chose qui
« les rend bien meilleures encore : c'est que
« ces trois poissons, qui pèsent à peine deux
« livres chacun, ont coûté trois mille sester-
« ces (2)! Ce ne sont pas cependant les plus
« chers; on en servit un l'autre jour chez
« Crispinus, qui coûtait à lui seul six mille
« sesterces (3). Il y a tel poisson d'élite qui se
« vend à Rome plus qu'un beau taureau de
« sacrifice (4). » Mais c'est prolonger trop longtemps cette énumération, que j'aurais voulu t'épargner. Continuons plutôt à te tracer le tableau animé que présentait la salle du festin.

Un esclave, placé en face de Scaurus, dans

---

(1) Plin., lib. IX, cap. 17.
(2) Suet., *in Tib.* : environ 600 francs.
(3) Juven., *Satyr.* 4, v. 15 ; Senec., *Epist.* XCV.
(4) Plut., *Sympos.*, lib. IV, *quæst.* 6.

l'espace laissé vide pour le service, découpait les viandes avec adresse (1). Son maître, par une gentillesse bouffonne, lui a donné le nom de *tranche :* de manière que du même mot il l'appelle et il lui ordonne (2). Divers domestiques égyptiens portaient sur des plateaux d'argent, autour de la table, des pains (3), ornés et ciselés agréablement (4). De jeunes échansons, la fleur des esclaves de l'Asie (5), versaient à la ronde diverses qualités des vins contenus dans des vases de cristal (6). Ces vins parfumés (7) étaient rafraîchis et tempérés avec de la neige (8) ; car ces voluptueux

---

(1) Juven., *Satyr.* 5, v. 121 ; *Satyr.* 11, v. 137 ; Senec. *Epist.* XLVII.

(2) Petron., *Satyric.*, cap. 10.

(3) *Ibid.*

(4) Plin., lib. XIX, cap. 4.

(5) Juven., *Satyr.* 5, v. 57.

(6) Petron., *Satyric.*, cap. 10 ; Mart., lib. XIX, *Epigr.* 110 ; Juven., *Satyr.* 6, v. 156.

(7) Plin., lib. XIV, cap. 13.

(8) Polluc., *Onomast.*, lib. X, cap. 24 ; Mart. lib. VI, *Epigr.* 86 ; lib. XIV, *Epigr.* 101-102-114-116 ; Cicer., *de Finib.*, lib. II, cap. 8 ; Senec. *Epist.* LXXVIII, XCV.

Romains boivent les frimas au cœur de l'été,
et font pendant l'hiver provision de froid
pour le reste de l'année (1). Sur les vases
étaient écrits l'époque et le nom du ter-
roir (2) qui virent naître les vins précieux que
Scaurus nous invitait à ne point ménager (3).

« Esclaves, versez, disait-il ; versez en l'hon-
« neur de la lune nouvelle (4), en l'honneur
« de ces étrangers!... Que celui de nous qui
« est livré au culte des muses vide sa coupe
« à neuf reprises; pour moi, je bois la mienne
« en l'honneur des Grâces... (5). O mes amis,
« buvez, c'est du Falerne recueilli du temps
« qu'Opimius était consul (6); aucun de nos
« vieillards n'a vu ce consulat; ainsi l'existence
« de l'homme ne peut égaler en durée celle du

---

(1) PLIN., lib. XIX, cap. 4.

(2) PETRON., *Satyric.*, cap. 10; JUVEN., *Sat.* 5, v. 35.

(3) PETRON., cap. 9 et 10.

(4) HORAT., *Od.* 14, lib. III.

(5) *Ibid.*

(6) PETRON., *Satyr.*, cap. 10.

« suc volatil de la vigne (1)! ah! que du moins
« notre amitié ressemble à cette généreuse
« liqueur ; et qu'en vieillissant chaque année
« elle nous devienne plus douce et plus précieu-
« se (2)! » Nous répondîmes à cet aimable vœu
en vidant nos coupes. Les nôtres étaient d'or (3)
et entourées de pierres précieuses (4); celle de
Scaurus était d'un plus grand prix encore, et
faite de murrhin (5), matière aussi inconnue
à ceux qui s'en servent que les régions d'où
ce vase fut apporté. Les convives du troisième lit (6) et les ombres (7) n'avaient que
des coupes de verre (8).

---

(1) Petron., *Satyric.*, cap. 10.

(2) Cicer., *de Amicit.*, cap. XIV, 67.

(3) Plin., lib. XXXII, cap. 10.

(4) Mart., lib. XIV, *Epigr.* 107; Juven., *Sat.* 5, v. 44.

(5) Mart., lib. III, *Epigr.* 82, v. 25; lib. XIV, *Epigr.* 3;
Juven., *Satyr.* 6, v. 156; Plin., lib. XXXVII, cap. 1.

(6) C'était le côté de la table le moins honorable.
Plut., *Sympos.*, lib. I, *quæst.* 3; Juven., *Satyr.* 5, v. 17.

(7) On appelait ainsi, comme je l'ai déjà dit plus haut,
les personnes qui étaient amenées par un convive sans
avoir été invitées (Plut., *Sympos.*, lib. VII, *quæst.* 6).

(8) Mart., lib. IV, *Epigr.* 85; lib. XIV, *Epigr.* 92-113;

De temps en temps Scaurus se levait pour
changer de robe (1), et m'obligeait à faire de
même dès que la transpiration commençait
à communiquer à mes vêtements une légère
moiteur ; car la grande quantité de personnes rassemblées dans la salle, les lampes, les
mets brûlants qui couvraient la table, et surtout la chaleur ordinaire à la saison où nous
sommes, élevaient la température du triclinium à un degré excessif. Pour obvier à ce
qu'une atmosphère aussi chaude peut avoir
de pénible, deux jeunes filles, à demi cou-
chées à nos pieds, agitaient autour de nous
des éventails (2) de plumes de paons (3).

J'étais émerveillé de tant de luxe, de magnificence et de recherches voluptueuses, lorsque tout à coup le plafond de la salle s'ouvrit

---

SENEC., *Epist.* LXXVI. On conserve encore au Musée des
Studj, à Naples, des verres à boire et des coupes de
verre trouvés à Pompéi.

(1) MART., lib. V, *Epigr.* 79.

(2) *Id.*, lib. III, *Epigr.* 82, v. 11.

(3) *Id.*, lib. XIV, *Epigr.* 65.

avec un craquement affreux (1). Je voulus fuir, mais l'on me retint ; et j'eus une grande confusion de mon épouvante, en voyant descendre du plancher un service nouveau (2), qui surpassait tous les autres en profusion et en délicatesse. A peine fut-il placé sur la table, qu'un jeune funambule se mit à voltiger sur une corde tendue au-dessus de nos têtes (3) ; et je ne saurais dire si j'éprouvai autant de plaisir que d'effroi en le voyant prendre toutes sortes de positions périlleuses, qui me faisaient craindre à chaque instant pour sa vie.

Cependant, durant les intermèdes de ces spectacles, la conversation se soutenait agréablement. Scaurus et les convives les plus voisins agitaient diverses questions de politique, de philosophie ou d'histoire naturelle ; on m'interrogea sur ce qui concerne notre pays ; et comme ma timidité augmentait pour moi

---

(1) Petron., *Satyric.*, cap. 15 ; Senec., *Epist.* XC.

(2) Petron., *ibid.*

(3) *Ibid.*

la difficulté de parler une langue qui ne m'est point familière, Chrysippe me servit d'interprète, et expliquait avec élégance ce que je lui disais avec peine et embarras. Pendant ce temps, des jeunes gens placés à l'extrémité des second et troisième lits, s'amusaient à lancer des pepins au plafond de la salle ; et ceux qui réussissaient à toucher le but recevaient de bruyants applaudissements (1).

Bientôt on introduisit trois jeunes et belles esclaves espagnoles (2), vêtues de tuniques courtes, faites d'une étoffe blanche et légère (3) ; elles chantèrent en s'accompagnant de la lyre, et exécutèrent ensuite des danses lascives (4). Ces voluptueuses gaditanes furent remplacées par de jeunes hommes armés, auxquels on donne le nom d'Homéristes (5).

---

(1) Horat., *Satyr*. 3, lib. II.

(2) Ces danseuses étaient de Cadix (Mart., lib. V, *Epigr*. 78).

(3) Petron., *Satyric*., cap. 15.

(4) Mart., lib. V, *Epigr*. 78 ; Juven., *Satyr*. 11, v. 162.

(5) Petron., *Satyric*., cap. 15 ; Juven., *Satyr*. 11, v. 179.

Ils nous racontèrent combien la colère d'A-
chille fut douloureuse et funeste aux Grecs (1).
Je témoignais ingénument à Chrysippe tout
ce que ces divertissements avaient d'agréable
et de nouveau pour moi. « Veuillent les dieux,
« me répondit-il, que Scaurus se contente de
« ces innocents délassements, et qu'il n'en-
« sanglante point ce festin par quelque com-
« bat de gladiateurs (2), pour lesquels il a
« une passion féroce. On se plaît à Rome à
« mêler quelquefois l'horreur du carnage à
« la joie des orgies (3); et cela ne doit point
« vous étonner, car vous avez dû vous aper-
« cevoir, depuis que vous vivez avec les
« Romains, combien l'habitude des voluptés,
« en même temps qu'elle énerve l'esprit, en-
« durcit le cœur et le porte à la cruauté. »
Ces mots me glacèrent d'horreur ; je jetais à
chaque instant les yeux vers la porte, dans la
crainte de voir entrer quelques-uns de ces

---

(1) Horat., *Epist.* 2, lib. II.
(2) Sil. Ital., lib. XI, v. 48; Strab., lib. V.
(3) Sil. Ital., *ibid.*

êtres dégradés qui font un métier de tuer et
de mourir pour l'amusement de quiconque
daigne leur payer le sang qu'ils perdent ou
qu'ils font couler. Heureusement que Scaurus
nous épargna cet horrible genre d'amusement. Il fut remplacé par des mimes (1) qui
voltigeaient autour des tables (2), et dont les
bouffonneries obscènes réjouirent beaucoup
les convives.

Mais à un signe du maître on remit avec
empressement de l'huile dans toutes les lampes (3); et les tricliniarques repandirent de
nouveau, en grande abondance, de cette
arène colorée dont on avait couvert le pavé
dès le commencement du festin; tout à
coup une musique harmonieuse donna le signal (4); de jeunes *palestrites* (5), légèrement
vêtues, entrèrent deux à deux, en chantant

---

(1) Plin. jun., lib. VII, *Epist.* 24.
(2) *Ibid.*, lib. XI, *Epist.* 17.
(3) Petron., *Satyric.*, cap. 8.
(4) *Ibid.*, cap. 10.
(5) *Ibid.*, cap. 8.

en chœur (1), puis, après avoir quitté leurs tuniques et s'être frottées d'huile à la manière des athlètes (2), elles se mirent à lutter entre elles. Ce spectacle transporta tout le monde (3); et j'avoue que si au premier moment il me fit baisser les yeux et rougir, je sentis bientôt au trouble de mon cœur qu'il avait véritablement quelque chose d'enivrant dont je ne pus me défendre.

Ces intermèdes n'empêchaient point les esclaves de remplir à chaque instant nos coupes ; et déjà la joie des convives commençait à devenir bruyante. « Voyez, me dit Chry-
« sippe, cet homme qui avale les flots de vin
« qu'on lui verse, comme Carybde engloutit
« les flots de la mer ; ce buveur forcené s'ap-
« pelle Tiberius, mais on lui a donné par
« plaisanterie le nom de Biberius (4). Vous
« ne devineriez jamais de quel épouvantable

---

(1) Petron., *Satyr.*, cap. 10.

(2) *Ibid.*, cap. 8.

(3) Juven., *Satyr.* 11, v. 168.

(4) Suet., *in Tib.*

« artifice il use pour s'exciter à boire ; il a re-
« cours au poison ! Avant de se mettre à table,
« il prend de la ciguë, afin que la crainte
« de la mort l'oblige à boire outre mesure (1),
« le vin étant le plus puissant antidote de
« ce suc vénéneux. Avouez que c'est pous-
« ser l'ivrognerie jusqu'à l'héroïsme ! Aperce-
« vez-vous là-bas le fils de Cicéron, si peu
« digne de son père ? Regardez son énorme
« coupe ; elle tient deux conges : eh bien,
« il la vide quelquefois d'un seul trait (2) !
« Ceux que vous voyez se lever de temps en
« temps sont des buveurs de courte haleine,
« qui violent les lois bachiques ; car il est de
« règle de ne point quitter la table (3); mais
« chez Scaurus on a toute liberté ; et même
« il y a près de cette salle un lieu où sont
« préparés des vases d'eau fraiche, des bas-
« sins, et autres ustensiles (4) nécessaires ;

---

(1) PLIN., lib. XIX, cap. 22.

(2) *Ibid.*, Novellius Torquatus en buvait trois.

(3) *Ibid.*

(4) PETRON., *Satyric.*, cap. 14.

« c'est là que ces déhontés sectateurs de Bac-
« chus vont en chancelant se délivrer du dieu
« qui les obsède : quelques-uns s'en débarras-
« sent en vomissant ; puis, semblables au ser-
« pent qui, tombé dans un tonneau, boit et
« vomit (1), ils reviennent boire pour retour-
« ner vomir encore (2). Croiriez-vous que ces
« éponges vivantes appellent cela profiter du
« temps et jouir de la vie (3) ? »

Cependant Scaurus, s'étant fait apporter
un vase qui contenait trois conges (4), le
remplit d'un vin miellé, parfumé de nard,
qu'on avait fait naviguer pour le rendre
meilleur (5). Il prit ensuite une couronne de
roses naturelles qui surmontait l'énorme cra-
tère (6), et, l'ayant effeuillée dans le vase

---

(1) Juven., *Satyr.* 6, v. 423.

(2) Plin., lib. XIV, cap. 22 ; Suet., *in Vitell.,* 13 ; *in Claud.,* 13.

(3) Plin., *ibid.*

(4) Trente-six livres pesant de liquide.

(5) Plin., lib. XIV, cap. 18.

(6) C'est le nom qu'on donnait à ces grandes coupes.

même, il s'écria : Buvons les couronnes (1);
puis il porta ses lèvres au bord du vase, et
le fit circuler ensuite de main en main parmi
les convives; c'est ce qu'on appelle ici la coupe
de l'amitié.

Enfin, le chant aigu d'un coq du voisinage
annonça l'approche de l'aurore (2); ce fut le
signal de la retraite. Après avoir salué Scaurus, en lui disant : *Les dieux te soient propices* (3); chacun de nous partit à la lueur des
flambeaux (4). Les esclaves refermèrent sur
nous la porte de l'atrium; et nous sortimes
du palais de Scaurus.

---

(1) Plin., lib. XXI, cap. 3.
(2) Petron., *Satyric.*, cap. 17
(3) *Id.*, cap. 15.
(4) Juven., *Satyr.*, 3, v. 286.

CHAPITRE XX.

RETOUR CHEZ CHRYSIPPE.

Au moment de nous séparer les uns des autres, une scène singulière nous retint quelques instants à l'entrée du palais. Un des convives, dont le costume négligé, la longue barbe et le langage sentencieux nous avaient frappés, s'arrêta devant la porte, ôta sa couronne, l'y suspendit, puis, éteignant son flambeau, il le renversa sur le seuil (1), et s'enfuit en chancelant. Cette action, à laquelle je ne comprenais rien, excita un rire général. Chrysippe, m'ayant pris sous le bras, me dit chemin faisant : « Cet homme est le cynique dont

_____

(1) Propert., lib. I, *Eleg.* 16, v. 7.

« je vous ai parlé ce matin ; parasite acharné
« de tous les grands de Rome, il s'est décoré
« du titre de philosophe ; il a son rôle à sou-
« tenir, et, après avoir pris part comme les
« autres aux excès du festin, il affecte en
« ce moment d'insulter au luxe voluptueux
« du maître de ce palais, en déposant sa cou-
« ronne et son flambeau, comme on a cou-
« tume de le faire à la porte des lieux de
« débauche (1). »

Nous n'avions point amené d'esclaves, et
nous fûmes obligés, quoique la nuit fût encore obscure, de nous retirer sans flambeaux
ni lanternes (2), en dirigeant notre marche
sur la blancheur des murs et des colonnes (3).
Chrysippe priait les dieux en riant : « Jupi-
« ter, et vous, belle Laverne, couvrez-nous
« d'un nuage (4), et faites-nous éviter les

---

(1) PROPERT., lib. I, *Eleg.* 16, v. 7.

(2) MART., lib. XIV, *Epigr.* 61, 62 ; VALER. MAXIM.,
lib. VI ; ANT. ERCOL., t. VIII, *tav.* 56, 57.

(3) PETRON., *Satyric.*, cap. 18.

(4) HORAT., *Epist.* 16, lib. I.

« voleurs, qui chaque nuit accourent des
« forêts voisines dans les rues de cette vaste
« cité (1). » Sa prière fut exaucée ; nous rega-
gnâmes notre habitation vers l'aurore, sans
faire d'autre rencontre que celle d'un jeune
chevalier romain, qui, arrêté sous les fenêtres d'une courtisane, interrompait le chant
matinal des oiseaux par des plaintes mêlées
de toutes les expressions banales d'un amour
malheureux (2).

Tel est, mon cher Ségimer, le tableau fidèle
de tout ce que nous avons observé d'intéressant chez Scaurus. Cette esquisse rapide suf-
fira pour te donner une idée de la magnificence que les patriciens de Rome déploient
dans ces vastes palais où ils entassent les dépouilles du monde. Mais gardons-nous d'en-
vier une aussi dangereuse prospérité. Ces richesses corruptrices ont perverti les mœurs,
amolli les courages, préparé les esprits à la
servitude ; et le luxe délirant des Romains,

_____

(1) Juven. .Sat. 6, v. 305.
(2) Propert., lib. I, Eleg. 16.

plus funeste pour eux que le glaive de Brennus et d'Annibal, menace la république, et
vengera l'univers (1).

---

(1) JUVEN., *Sat.* 6, v. 294.

FIN.

EXPLICATION

DES PLANCHES.

————

L'ouvrage qu'on vient de lire a été accueilli avec une bienveillance qui m'a imposé de nouvelles obligations. Une édition épuisée en peu de temps, plusieurs traductions étrangères, des encouragements flatteurs de la part des savants les plus célèbres de France, d'Allemagne et de cette Italie où la connaissance de l'antiquité est, pour ainsi dire, populaire, ont été pour moi le gage d'un succès d'autant plus doux que j'étais loin d'oser l'espérer ; mais c'eût été montrer trop peu de reconnaissance que de me borner à jouir des témoignages d'estime que le public a bien voulu accorder à mon travail : j'ai dû redoubler d'efforts pour rendre cet ouvrage moins indigne de l'accueil qu'il a reçu. J'ai revu cette édition avec soin, j'ai corrigé des négligences, des fautes, et j'ai ajouté quelques traits de plus à mes tableaux, mais en petit nombre. Ceux qui reconnaîtront combien il m'eût été facile de rattacher aux scènes que j'ai esquissées des détails, des épisodes qui s'offraient à moi de toutes parts, me sauront peut-être gré d'avoir résisté à la tentation, et de m'être renfermé le plus possible dans mon sujet, dont j'ai cherché à ne m'écarter qu'autant qu'il était nécessaire pour éviter l'aridité d'une description sèche et continue. J'ai joint à cette édition quelques gravures qu'on avait paru désirer pour l'intelligence des distributions et de quelques détails.

Les journaux scientifiques qui ont rendu compte de cet ouvrage en France et à l'étranger, tout en donnant à mon travail des éloges pleins d'indulgence, ont avancé quelques critiques relatives à des points d'histoire de l'art. Leur bienveillance m'a fait un devoir d'examiner ces objections de bonne foi. J'avoue qu'après avoir étudié mon sujet dans les livres et au milieu des monuments pendant dix années, je me suis senti assez fort

sur mon terrain pour ne pas céder à des observations qui n'étaient accompagnées d'aucun développement, d'aucune preuve. Si je
n'eusse écouté que mon respect pour les
hommes distingués qui m'ont fait l'honneur
de s'occuper de mon ouvrage, j'eusse peut-
être passé condamnation; mais il s'agit de la
vérité : j'ai écrit pour éclaircir un point obscur
de l'histoire de l'art et de la vie privée des
anciens, pour remplacer par des notions plus
certaines les conjectures vagues ou tranchan-
tes des commentateurs, que les dictionnaires
d'antiquités éternisent depuis si longtemps;
dès lors j'ai dû persister quelquefois dans
mon sentiment, et l'on en verra plusieurs
exemples dans l'explication des planches qui
va suivre.

PLANCHE I.

J'ai cru devoir profiter de ce que j'ai dit au chapitre II, sur le palais de Stabérius, pour donner
au lecteur un petit palais antique parfaitement
conservé, et jusqu'à ce jour inédit. C'est une habitation connue à Pompéi sous le nom de maison de
Pansa : je n'ai eu rien à y ajouter; j'ai seulement

placé dans le jardin la piscine et la treille qui
existent dans la maison de campagne découverte
au même lieu, parce que ces deux détails, qui ne
changent rien au plan, justifient la disposition que
j'ai indiquée dans le xyste du palais de Scaurus,
que l'on va voir plus loin.

1. *Prothyrum*, ou corridor d'entrée. De chaque
côté sur la façade sont des boutiques, au nombre
de six; sur le retour à droite on en voit quatre
autres.

2. *Atrium toscan*. Au milieu est l'*impluvium*,
ou bassin de marbre qui reçoit les eaux pluviales;
autour de l'atrium sont des pièces de service. De
chaque côté, dans la partie supérieure, on voit deux
salles ouvertes : ce sont les ailes; et au milieu, sur
l'axe de la cour, est le *tablinum*. Un de ces petits
corridors auxquels Vitruve donne le nom de *fauces* sert à communiquer de l'atrium au péristyle.

3. *Péristyle*, ou partie privée de la maison. Autour du péristyle sont des pièces à l'usage des
maîtres. L'escalier, qui était en bois, a disparu, et je
n'ai pas même voulu interpréter sa situation, mais
j'ai acquis la certitude qu'il y avait deux étages à
cette maison, comme à la plus grande partie de
celles de Pompéi. Au centre de la cour du péristyle il y a un bassin profond, où il paraît qu'on

nourrissait des poissons rares. Au fond du péristyle est un grand *œcus*, ou salle ; à côté un triclinium d'hiver, et un peu plus sur la droite un
triclinium d'été. Un portique à deux étages régnait
sur le jardin, dont les plates-bandes étaient divisées
de la manière indiquée sur le plan. Sur la rue à
gauche est une boulangerie, qu'on louait, et plus
loin sont deux misérables chambres, ou petites boutiques, pour des gens du peuple. Sur la rue à droite
on reconnaît deux très-petites maisons, qu'on louait
aussi, ce qui, avec les boutiques et la boulangerie,
ne laissait pas de faire un petit revenu.

Au-dessous de ce palais j'ai placé un fragment
du plan antique de Rome, gravé sur marbre et
conservé au Capitole ; il contient trois maisons
antiques. On y reconnaît, comme aux maisons de
Pompéi, le *prothyrum*, l'*atrium*, le *péristyle*, qui
sont le type caractéristique des habitations romaines.

PLANCHE II.

Plan du palais de Scaurus.

La petitesse de l'échelle n'a pas permis de mettre
un renvoi à chaque pièce : on s'est contenté de les
indiquer avec soin dans la description suivante.

A. Clivus Scauri, ou rampe qui montait au palais de Scaurus. Cette rue existe encore.

B. Rue qui conduisait à la *Curia hostilia*.

C. Arc de Dolabella et aqueduc antique.

D. Palais de la famille *Anitia*. Le mur de clôture existe encore, et a servi à donner l'inclinaison de la rue qui borne le palais de Scaurus à l'occident.

E. Area, ou place en avant du palais. Elle est entourée de portiques, de boutiques, et ornée de statues, de trophées et de plantations. Dans la partie supérieure de l'area, sur le devant de la maison, il y a de chaque côté de l'entrée une grande salle d'attente pour les visiteurs du matin. Cet ensemble formait le *vestibulum* des anciens.

F. Atrium corinthien. On y arrive par le *prothyrum*, espèce de grand corridor entre la porte d'entrée et la porte de l'*atrium*, dans lequel sont les cellules des portiers. Autour de l'*atrium* on a distribué diverses pièces de service. Le haut de l'*atrium* est occupé de chaque côté par les ailes, salles ouvertes sur le portique, et le *tablinum*, vaste salle où les anciens conservaient les images de leurs ancêtres. On passe de l'*atrium* dans le péristyle par deux corridors appelés *fauces*.

G. Par cette seule lettre j'ai désigné le péristyle ou partie privée du palais. Elle est composée :

1° D'un portique ayant au centre un xyste, ou jardin, dans lequel, au milieu d'un parterre planté de fleurs et arbustes, on voit une piscine ou bassin et des treilles avec un *triclinium*, pour prendre ses repas sous l'ombrage.

2° D'une basilique placée sur le côté gauche du péristyle, à la suite de laquelle est la *pinacotheca*, ou galerie de tableaux, composée de trois salles n'en formant qu'une seule. Des deux côtés de la basilique sont six *triclinia*, ou salles à manger ; de diverses grandeurs et dans différentes expositions, servant pour différents nombres de convives et les diverses saisons de l'année. Deux cours donnent de l'air et du jour à ces pièces, et deux corridors ou passages établissent une circulation facile et indépendante entre elles et le péristyle.

3° Du côté opposé sont les *œci* ou salles. On y voit deux salles tétrastyles ou à quatre colonnes ; deux salles rondes, et à la suite, d'un côté une salle corinthienne, de l'autre une salle égyptienne ; au centre de ces pièces est l'exèdre avec deux parties circulaires aux deux extrémités. De là on passe dans la bibliothèque, dont la première salle est consacrée aux ouvrages latins ; les deux autres, qui n'en forment qu'une, sont destinées aux livres grecs. Cette bibliothèque est placée de ma-

nière à pouvoir être en communication directe
avec l'exèdre, où se réunissaient les philosophes
et les littérateurs ; avec les bains, dont la bibliothèque était ordinairement un ornement obligé ;
avec le lieu consacré aux exercices du corps, et
enfin, au moyen de corridors, elle communique directement avec le péristyle.

4° Dans la partie supérieure du péristyle, sur l'axe
général du plan, est le *sacrarium*, dont on verra
un plan détaillé dans les planches suivantes. A
droite du *sacrarium* est l'appartement de Scaurus.
C'est plutôt une petite maison qu'un appartement
comme nous l'entendons ; je regrette que la petitesse de l'échelle ne me permette pas d'y placer des
numéros, pour en expliquer toutes les parties :
on reconnaîtra facilement la cour, une salle représentant le *prostas* des Grecs, adopté quelquefois
par les Romains, et dont la maison antique de
la ville Negroni nous donne un bel exemple ;
une chambre à coucher, recevant les rayons du
soleil le matin, à midi, et le soir ; derrière, une
chambre où ni le bruit ni le jour ne peuvent
pénétrer, etc,. à côté de l'appartement de Scaurus,
est son *venereum*. Les étrangers y arrivent par
un passage contigu àux *œci*. On verra le plan
des bains au chapitre qui en traite. Le *spheriste-*

rium, ou jeu de paume, se trouve placé dans une portion irrégulière du terrain. On y remarque des portiques et des gradins pour les spectateurs. Le triangle indique la position des trois joueurs, car les anciens jouaient à la paume à trois personnes. Au haut du *spheristerium* est l'*aleatorium*, ou salle de récréation. On y jouait à différents jeux, tels qu'aux osselets, aux dés, aux *calculi*, etc. De l'autre côté du *sacrarium* est l'appartement de Lollia, puis ses bains, puis enfin le logement de ses esclaves. Un petit parterre règne derrière les appartements de Scaurus et de Lollia, et forme un isolement nécessaire entre cette partie de l'habitation et les maisons voisines qui font partie de cette propriété.

H. Cette vaste pièce, qui est au centre d'une cour de dépendance, est le *pistrinum*, ou boulangerie. Au bas et au haut de la cour sont des magasins de provisions, et sur le côté droit est un corps de bâtiment avec deux cours, destiné au logement des esclaves.

I. Cette pièce est la cuisine, ayant des magasins à sa portée; et sur le côté gauche de la cour on distingue les *carceres*, ou remises, et les écuries, ayant aussi deux cours de service.

Le palais est entouré de maisons à loyer, et

cet ensemble compose l'*insula*, ou île, dont il est parlé dans le chapitre III.

Telle est l'esquisse que j'ai essayée pour donner une idée d'un grand palais romain. Je me suis appuyé principalement des monuments pour tracer ce plan. J'ai été du petit au grand, du connu à l'inconnu, et je n'ai eu besoin, pour arriver à ce résultat, que de développer les plans d'habitations de Pompéi et ceux que j'ai pu reconnaître sur le plan antique conservé au Capitole. J'ai dû cependant rattacher à ce que les monuments m'ont offert quelques détails de luxe que les documents que je viens de citer n'ont pu me donner, mais que les auteurs anciens fournissent avec abondance.

PLANCHE III.

Quelques personnes, dont je respecte le savoir, ont paru douter de l'existence du *prothyrum* dans les habitations romaines. J'ai, en conséquence, fait graver la vue d'un *prothyrum* de Pompéi. Les plans d'habitations que l'on voit sur le fragment du plan antique de Rome conservé au Capitole nous montrent que presque toutes les maisons romaines avaient aussi un *prothyrum*. Ce corridor, tel que la vue l'indique, tel qu'on le voit sur le plan donné planche I, explique parfaitement le texte de Vitruve. Nous appelons, dit-il, *prothyrum* ce que les Grecs appellent ἐιάθυρα ; or, ὁιάθυρα signifie littéralement *inter januas*, entre les portes, c'est-à-dire, comme on le voit ici, *entre la porte de la rue* et *celle de l'atrium.* J'ai représenté cette dernière ouverte d'un seul côté, afin d'exprimer clairement l'existence des deux portes aux deux extrémités du *prothyrum.* Dans le fond on aperçoit une partie de l'*atrium.*

PLANCHE IV.

J'ai cherché, dans cette planche, à donner l'idée d'un *atrium* corinthien. Cette vue est prise d'après un de ceux de Pompéi. On voit au milieu du *cavœdium*, ou cour, l'*impluvium*, bassin en marbre, destiné dans l'*atrium* toscan à recevoir les eaux que versent les quatre rampants du toit ; mais, dans l'*atrium* corinthien, ce bassin de marbre n'avait d'autre destination que celle d'une fontaine ou d'un petit réservoir pour entretenir la fraîcheur. Au fond de l'*atrium* on reconnaît le *tablinum*, et sur le côté un puits, tels qu'étaient ceux des anciens.

PLANCHE V.

Cette planche donne la vue du péristyle ou
portique de la partie privée d'une maison de
Pompéi. Entre les colonnes règne un *pluteum*, ou
mur d'appui, dont la partie supérieure est creusée
en caisse de fleurs. Au milieu du Xyste, ou parterre, est un petit bassin. Le dessus du portique
est en terrasse.

PLANCHE VI.

Il existe à Pompéi, dans la maison dite d'Actéon, un petit *venereum* qui a servi de modèle
à celui que je décris dans le palais de Scaurus.
On y voit, fig. I, une petite cour entourée de
portiques, au fond de laquelle est un tableau
représentant Actéon puni par Diane; un *triclinium*, une petite cuisine, un escalier pour monter sur la terrasse, enfin deux cabinets ou bou-
doirs. J'ai suivi ce programme dans les dispositions du *venereum* de Scaurus. On y trouve,
fig. II, une cour, à l'une des extrémités de laquelle est une chapelle à Vénus 1. C'est sur le
fond de cette chapelle qu'est peint le tableau
d'Actéon dont il est parlé dans le texte de l'ou-

vrage. Derrière cette pièce est la cuisine 2, et au
pourtour sont les escaliers pour monter aux terrasses ; de l'autre côté de la cour est un *triclinium* 3,
ou salle à manger, et à la suite sont deux cabinets ayant vue sur un parterre planté de fleurs.
Le jardin est terminé par une treille, sous laquelle
est un petit *triclinium* pour prendre le repas du
soir en été. Ce motif existe dans la même maison de Pompéi, où se trouve le *venereum* de
la figure I. La petite maison de la villa Negroni
était probablement un *venereum* dépendant d'une
grande habitation ; car le luxe des décorations annonce un propriétaire d'une fortune assez considérable pour qu'il ne pût habiter une maison aussi
exiguë et sans dépendances.

PLANCHE VII.

Il semblera peut-être bizarre qu'après avoir
représenté, le plus gracieusement que j'ai pu,
Lala travaillant au portrait de Lollia, je donne
une caricature représentant le même sujet. Mais
ce petit tableau, qui nous montre un peintre à son
ouvrage, dans son atelier, m'a paru intéressant
pour expliquer tous les détails du matériel. On
y voit le chevalet, l'ouvrage qui y est placé, la

palette, espèce de petite table, le pot pour nettoyer les pinceaux, enfin le broyeur qui prépare
sur le feu les couleurs délayées dans la cire
et l'huile punique. Cette peinture, aujourd'hui
détruite, n'existe plus que dans mon ouvrage
de Pompéi et dans une collection d'estampes sans
texte, où l'académie de Naples a réuni quelques-
unes des mosaïques et des peintures conservées
aux musées de Portici et des *Studj*.

PLANCHE VIII.

Le bas-relief qu'offre cette planche paraît, je
crois, pour la première fois. Je l'ai pris d'un sar-
cophage qui sert de bassin à la fontaine de l'*Oste-
ria della Barcacia, strada Condotta*, à Rome. On
y voit un homme studieux lisant un manuscrit :
il est assis près d'une armoire dans laquelle sont
des rouleaux et une écritoire : au-dessus de l'armoire un livre ouvert repose sur un pupitre. Ce
petit monument est extrêmement curieux, et je
suis bien aise de l'avoir peut-être sauvé de l'oubli.

Au-dessous du bas-relief j'ai réuni différents
objets antiques relatifs

À l'art ingénieux
De peindre la parole et de parler aux yeux,

des écritoires, une plume de roseau, un manuscrit déroulé, d'autres manuscrits dans un *scri-nium*, une petite planche ou abaque pour écrire ou calculer, des tablettes enduites de cire, et enfin un style ou instrument avec lequel on écrivait sur ces tablettes. Ces divers objets sont tirés des peintures d'Herculanum et de Pompéi conservées au musée de Portici.

PLANCHE IX.

Le *sacrarium* était une petite chapelle privée, placée dans la partie la plus reculée de l'habitation. Il n'y en avait ordinairement que dans les grandes maisons; cependant, une des plus petites maisons de Pompéi en possède un dont j'ai donné la vue, t. II, pl. X des *Ruines de Pompéi*. Celui du palais de Scaurus, que l'on voit fig. I, a d'abord une petite cour avec l'autel au milieu. Vers l'entrée sont deux petites chambres, l'une pour les ustensiles des sacrifices, l'autre pour le gardien. A l'extrémité opposée est la *cella*, ou sanctuaire, ornée de statues. De chaque côté sont deux petits trésors pour y déposer les papiers ou objets précieux que l'on voulait placer sous la garde des dieux. Derrière le *sacrarium* est un passage, qui sert de communication entre l'appartement de Scaurus et celui de Lollia.

La fig. II offre un *sacrarium* antique qui fait partie d'une petite maison près de *Roma Vecchia*, sur la voie Tusculane. On y distingue à peu près la disposition que j'ai indiquée dans le *sacrarium* de Scaurus.

PLANCHE X.

Cette peinture décore une cuisine à Pompéi; elle n'est pas un ouvrage de caprice : c'est un tableau religieux, un hommage rendu aux lares domestiques, et surtout à la divinité qui présidait aux foyers. La partie supérieure représente un sacrifice à cette déesse, révérée sous le nom de *Fornax*. Les deux serpents que l'on voit au-dessus sont les symboles des génies ou dieux domestiques du logis. De chaque côté on a peint les provisions dont ils doivent être les défenseurs naturels. J'ai trouvé à Pompéi une autre peinture du même genre à la porte d'un garde-manger. Dans celui-ci le lare custode de ce lieu est représenté sous la forme d'un petit chien qui défend les provisions confiées à sa garde, contre un chien affamé et contre un chat dont l'embonpoint annonce qu'il ne se nourrit pas toujours de souris. Cette peinture sera publiée dans mon ouvrage sur Pompéi.

PLANCHE XI.

Cette planche renferme deux figures : la fig. I offre le plan des bains du palais de Scaurus, sur une échelle plus grande que celle du plan général.

1, Cour entourée de portiques sur trois côtés. Au fond de la cour est le 2, *baptisterium*, ou bassin couvert d'un toit, supporté par deux colonnes : ce bassin servait à ceux qui voulaient prendre le bain froid en plein air. 3, *Apodyterium*, lieu où l'on quittait ses vêtements. 4, *Frigidarium*, ou bain froid. Dans cette pièce est une vaste cuve pour prendre les bains en commun. La partie circulaire forme ce qu'on appelait *schola*, l'école; la figure II, tirée d'une peinture des bains de Titus, donne de cette disposition une idée d'autant plus juste que c'est un portrait qui date de ce temps-là. 5, Pièces de service. 6, Cabinets particuliers. 7, *Tepidarium*, ou bain chaud. Cette pièce a deux cuves et une école comme la précédente. 8, *Eleothesium*, ou dépôt des huiles parfumées dont on oignait les baigneurs. 9, *Sudatorium*, ou étuve. 10, Officine pour chauffer l'eau des bains. 11, Officine pour fournir la chaleur à l'étuve. 12, Réservoirs.

La fig. II présente une réduction d'une peinture extrêmement intéressante, trouvée dans les bains de Titus, et qui explique toutes les parties d'un bain antique.

PLANCHE XII.

Afin de donner une idée des lits de table des anciens, j'ai fait graver la vue d'un *triclinium* sous une treille. Ce monument précieux existe à Pompéi, dans la maison d'Actéon. Comme ce *triclinium* est exposé à l'air, les lits, au lieu d'être en bronze, sont en pierre. On les recouvrait d'un matelas. Le *monopodium*, ou table à un pied en marbre, et la petite fontaine, sont encore parfaitement conservés.

Au-dessous j'ai donné le plan d'une table et des lits, afin d'indiquer les places :

N° 1 le père de famille.

N° 2 la femme.

N° 3 un convive.

N° 4 place consulaire.

C'était la place d'honneur. Elle était en effet plus spacieuse que celle du milieu, où l'on était resserré entre deux convives : on pouvait en sortir et recevoir des lettres sans déranger personne ; enfin, celui qui occupait cette place pouvait, appuyé sur le coude gauche, promener ses regards sur tous les convives, et causer facilement avec eux.

Nᵒˢ 5, 6, 7, 8, 9, places pour les convives et les ombres.

Lorsqu'il y avait un plus grand nombre de personnes à table, le maître de la maison se plaçait au centre du lit du milieu, et s'environnait de convives de prédilection; le bas des deux autres lits était occupé par les convives d'un moindre rang.

FIN DE L'EXPLICATION DES PLANCHES.

TABLE ALPHABÉTIQUE
DES MOTS.

TABLE

DES MATIÈRES.

———